MÉTHODE Gorafi
POUR *REDRESSER* LA FRANCE

Conception graphique : Romain Dumas
Illustrations : © Wayne

87, quai Panhard-et-Levassor
75647 Paris Cedex 13
ISBN : 978-2-0814-1441-6

MÉTHODE Gorafi POUR REDRESSER La France

NIVEAU DÉBUTANT

Flammarion

Relever la France

Voilà sans doute le plus grand défi lancé par notre rédaction après une tentative échouée de peu de réussir un come-back de Larusso (en 2010, 2014 et 2019). Mais plus que relever la France, il s'agit de la réinventer et redéfinir ce qui sera le fondement même de la nation française : l'argent, l'amour de l'argent et l'exploitation de son prochain pour de l'argent.

D'aucuns trouveront ce projet irréaliste, sans avenir, puéril, un énième gâchis d'argent public et de papier (mais notre éditrice nous a toujours suivis dans nos projets les plus fous, même pour cette biographie de Larusso par Jean d'Ormesson, bloquée par ses héritiers pour des raisons encore obscures). Mais de tous nos projets, c'est celui, je pense, dont je suis le plus fier.

Dans ces pages, les Français qui auront survécu à l'année 2020 pourront trouver matière à reconstruire la nation sur des bases saines, équilibrées, avec un capitalisme plus juste. Et en cas d'effondrement généralisé, ils pourront toujours faire du troc et échanger ce livre contre des produits de première nécessité et se servir des pages comme combustibles ou pour rembourrer leurs vêtements.

Ce livre est le plus ambitieux jamais conçu. À ce jour, personne (en dehors de François Hollande lors de son discours au Bourget) n'avait cherché des solutions aux problèmes qui gangrènent notre société. Nous avons ainsi mobilisé sociologues, analystes, médecins de l'IHU de Marseille, vétérinaires, économistes et universitaires, tous réunis pour trouver les solutions à nos problèmes. Ce ne fut pas aussi facile que sur le papier. En effet, chacun avait son ego, ses opinions, ou des parts dans une multinationale que nous voulions démanteler. Il a alors fallu faire des choix, mais à la fin nous sommes tous arrivés à de superbes et belles conclusions, des conclusions que j'avais moi-même énoncées en ouverture des travaux, prouvant une fois de plus qu'on aurait très bien pu éviter toute cette perte de temps. J'aurais pu écrire seul l'intégralité de ce livre, toucher la totalité de la confortable avance et simplement profiter, mais certains auraient pu mal accepter cela. Aussi, j'ai préféré humblement m'effacer et rester dans mon modeste chalet de 10 000 mètres carrés dominant Gstaad.

J'ai de grands espoirs pour ce livre. Nul doute qu'il fera naître de belles vocations de politiques et d'économistes qui, dans quelques années, se révéleront et brandiront avec fierté cet ouvrage durant un débat avec Pascal Praud. Un jour aussi, un politicien courageux et moyennement corrompu appliquera les pistes énoncées dans ce modeste ouvrage, et aidera à relever la France, à lui redonner son prestige économique et colonial passé. Auquel cas, je ne demande pas grand-chose en retour, ni statue indéboulonnable ni boulevard à mon nom. Tout au plus seulement, et seulement, 1 % de l'excédent du PIB annuel payable en liquide et en petites coupures non numérotées. Voilà tout ce que je demande modestement en retour de ce don de moi-même à la France métropolitaine.

Jean-François Buissière
Président du directoire
du Gorafi News Network

Sommaire

Vie quotidienne

PAGE 9

Politique

PAGE 25

Économie

PAGE 39

Éducation

PAGE 53

Écologie

PAGE 67

Cahier premium

PAGE 81

Vie quotidienne

Comme le disait si bien Aristote : « Le quotidien, c'est quelque chose auquel il faut penser tous les jours. » C'est pourquoi *Le Gorafi* entend privilégier cet aspect de la vie des Français. Il n'y a pas de bonheur terrestre possible sans confort, ni d'organisation politique digne de ce nom sans petits plaisirs simples comme prendre un bon repas ou maltraiter des plus faibles que soi.

SANTÉ ET BIEN-ÊTRE

Permettre à chaque ménage d'adopter un expert BFMTV

Celui-ci vous aidera à prendre toutes vos décisions de manière rationnelle et scientifique tout en limitant les mauvais choix. Facile à nourrir (avec des petites phrases d'actu et des « dérapages »), l'expert BFMTV est peu exigeant et ne demande quasiment jamais à sortir, préférant tout analyser depuis son panier du salon.

Mettre à disposition de chaque foyer un « coach distanciel multifonctions »

Toujours prêt à distiller de précieux conseils et des citations inspirantes comme « une multitude de petits rien peuvent vite former un grand tout », le coach distanciel multifonctions vous encouragera à chaque instant en criant « Allez, hop, au boulot, plus vite que ça, pas de place pour les fainéants, allez, allez, allez ! » pour éviter de « flancher », que ce soit en râpant des carottes ou en sortant les poubelles.

LE CALENDRIER DES PENSÉES DE GILLES LE GENDRE

Quoi de mieux pour partir du bon pied et attaquer la journée par le bon bout que des petites pensées de Gilles Le Gendre ? Leur profondeur apaisante et leur sagesse ancestrale vous aideront à affronter aussi bien les petits soucis du quotidien que les épreuves de la vie. N'oubliez jamais que, comme il le dit si bien : « Dans la vie il y a des hauts et il y a des bas. »

Télécharger le logiciel « Vive Macron ! » sur ordinateur et tablette

Ce logiciel totalement indépendant stockera toutes vos données personnelles afin qu'aucun logiciel malveillant ou espion n'y accède. Malin ! Ce dispositif viendra s'ajouter aux trente-deux caméras que le gouvernement installera au domicile de chaque Français – dont huit dans la salle de bains – afin que personne ne soit jamais tenté de violer votre intimité.

Dénoncer ses voisins

Pratique à appliquer discrètement lorsque vous êtes témoin d'une incivilité. Vous avez le droit de dénoncer vos voisins si vous les voyez : enterrer un cadavre dans leur jardin, fabriquer artisanalement une arme nucléaire ou lire le blog de Jérôme Cahuzac.

Vider son historique Internet

Pas vraiment un conseil pour relever la France mais simplement un petit rappel amical pour vous éviter des bricoles si votre conjoint ou un proche utilise votre ordinateur après vous.

Dire « C'est fantastique » le plus souvent possible

Il faut se montrer le plus optimiste possible afin de ne pas participer à la morosité ambiante. Lorsque votre enfant vous dit « J'ai faim », répondez « C'est fantastique ». Idem si vous perdez votre emploi. Si cela ne fonctionne pas, n'hésitez pas à ajouter « c'est que du bonheur ».

Devenir chroniqueur people à *TPMP*

Voilà sans doute l'objectif auquel rêvent des milliers de Français. Grâce à la mise en place d'un cursus sur trois années à l'université Vincent-Bolloré, il sera désormais accessible à tout un chacun de devenir un chroniqueur people et d'oublier son quotidien misérable. Nouilles dans le slip, humiliation régulière à base de coming out ou de faux homicide, vous pourrez bientôt devenir un incontournable des chroniqueurs et qui sait, peut-être présenter le best of de l'émission les jours fériés !

Ne pas sortir de chez soi en jogging

Un pays qui va de l'avant ne se laisse pas aller dans des matières molles et suspectes. Soyez toujours impeccable afin de motiver vos proches et vos voisins à vous imiter. On croira que vous avez un emploi important.

Acheter plusieurs SUV

N'écoutez pas les Verts qui pleurent dès qu'ils voient un SUV. Au contraire, il faut soutenir l'industrie automobile. Aussi est-il recommandé d'acheter au minimum deux SUV par an. Les personnes qui dépasseront ce quota bénéficieront d'un abattement sur l'impôt sur la fortune.

Attendre le dernier moment pour payer ses contraventions

Votre amende pour mauvais stationnement est passée à 160 euros ? C'est génial, vous remplissez les caisses de l'État et soutenez l'effort collectif. Vous avez toute l'admiration de Bruno Le Maire, ce qui devrait vous remonter le moral.

Un accès illimité à de la pornographie

Afin que chacun puisse à l'occasion se détendre après une rude journée, un accès illimité à de la pornographie sera offert, avec du contenu de qualité comme des propos de Macron sur l'écologie, le discours de Hollande sur la finance au Bourget ou l'évocation du plan Marshall des banlieues par Nicolas Sarkozy.

Méditation

La plupart des Français ne vivent pas dans l'instant présent : ils sont constamment envahis par des pensées intrusives telles que « J'ai peur de l'avenir, de l'échec et des clowns » et « AAAAAAAAARGH ! ». Nous le savons car c'est indiqué dans les informations de leurs puces électroniques. Par exemple, aujourd'hui, vous avez pensé à Éric Dupond-Moretti tout nu, à votre père tout nu, et au fait que vous avez vraiment un problème avec la nudité. D'ailleurs, rhabillez-vous, parce que c'est gênant là. La méditation sera encouragée dans toutes les entreprises prêtes à payer leurs employés pour ne rien foutre. Cela permettrait aux salariés de se relaxer après avoir hésité entre « Cordialement » et « En vous priant d'accepter mes respects les plus sincères » en terminant un e-mail.

Souscrire à une bonne assurance-vie

Vous ferez la joie des assureurs qui gagneront un bonus annuel et de celle de vos enfants qui verront d'un œil plus heureux votre mort.

Faire la paix avec le roi des rats

Des villes comme Paris ou Marseille sont envahies par les rongeurs, ce qui nuit au cadre de vie des habitants. Nous encourageons donc la signature d'un traité de paix avec le roi des rats. Il suffirait d'envoyer un diplomate français le trouver dans les catacombes pour signer un accord lui promettant 100 tonnes par an de fromage périmé en échange du calme dans les rues. Un geste simple et pourtant inédit puisque les politiques ont toujours refusé de négocier avec le roi des rats (car il est fiché S).

L'appli « Stop rhinite pour tous »

Grâce à cette application qui sera installée d'office sur votre smartphone, vous serez prévenu par une alerte « Stop rhinite » dès qu'une personne avec qui vous avez été en contact sera prise d'éternuements, d'écoulement nasal voire de picotements. Vous pourrez alors activer à votre tour le signal qui avertira les dizaines de personnes que vous aurez approchées lors des derniers quatre-vingt-onze jours ainsi que leurs parents, enfants, cousins germains et oncles et tantes par alliance. Vous ne pourrez plus quitter votre domicile pendant vingt et un jours, le temps que vos miasmes et votre caractère de merde à la moindre contrariété disparaissent.

Retrouver Xavier Dupont de Ligonnès

Envie d'oublier le quotidien morose et d'apporter un peu d'espoir à tout le monde en retrouvant la piste d'un criminel notoire ? Alors embrassez la carrière d'enquêteur Facebook en suivant des dizaines de groupes à la recherche de Xavier Dupont de Ligonnès. En outre, cela vous donnera la sensation d'être un peu plus intelligent que la moyenne, ce qui en soi est déjà un bon début.

Ouvrir un portail multidimensionnel

Rassemblez vos connaissances mathématiques et bâtissez un portail multidimensionnel qui permettra de communiquer avec une multitude de terres parallèles pour voir si c'est vraiment autant la merde que chez nous. Ensuite, dans la mesure du possible, préparez un plan d'invasion et de colonisation histoire qu'on se tire tous de cette *timeline* foireuse au possible.

Apprendre à vivre en autarcie

Il y aura d'autres confinements dans le futur. Pour vous préparer, allez voir votre beau-frère, vous savez celui qui se dit survivaliste et qui part camper parfois dans les Cévennes avec son chien. Apprenez auprès de lui les techniques de survie basiques pour vivre en autonomie, au contact de la nature et être capable d'utiliser raisonnablement les ressources dans le grand monde du dehors. Une fois ces techniques maîtrisées, tuez-le puis faites disparaître son corps. En effet, votre beau-frère pourrait se révéler un rival difficile à battre dans le monde post-apo qui s'annonce et mieux vaut ne pas prendre le risque de recroiser son chemin au moment d'atteindre le dernier point d'eau potable du département.

SPORT

Un cours hebdomadaire de yoga en visio animé par Geoffroy Roux de Bézieux, président du MEDEF

« Nourrir son intellect, c'est bien, mais si le physique ne suit pas, ça ne sert à rien », disait fort justement Alain Finkielkraut dans un essai trop méconnu : *50 nuances d'agrès*. Une bonne séance chaque semaine avec GeoGeo, c'est l'assurance d'avoir un esprit sain dans un corps sain, de brûler les graisses superflues, d'ouvrir ses chakras et d'éliminer les toxines. Alors, pourquoi se priver ?

Permettre à un Français de remporter Roland-Garros une nouvelle fois

Inscrivez votre enfant ou vous-même dès le plus jeune âge dans un club de tennis. Puis grâce à un entraînement intensif de plusieurs années et de nombreuses privations, réussissez à vous hisser jusqu'au stade des qualifications, battez plusieurs adversaires jusqu'à vous imposer sur le court central et enfin remettre un peu de fierté tricolore.

Penser à la coupe de David Pujadas pendant un rapport

Selon une étude menée par Laurent Delahousse sur plusieurs cobayes, cette technique permettrait de prolonger un rapport sexuel de quatre heures et quarante-cinq minutes et de brûler 5 892 calories. 92 % des couples ne parviendraient pas à l'orgasme et peuvent remettre ça en pensant la fois suivante à un dîner en tête à tête avec Jean-Michel Blanquer.

Partir à la recherche des promesses de campagne des politiques

Plus originale que la traditionnelle « balade en forêt », peu coûteuse et pouvant aisément se pratiquer en famille ou entre amis, la promenade consistant à chercher dans les moindres recoins les promesses des politiques fera brûler toutes vos graisses et vous occupera pendant quelques décennies.

Lancer un bâton à Christophe Castaner

Cette activité pratiquée en pleine nature permettra à chacun de respirer le grand air et de passer un moment convivial avec un être vivant bonhomme et très joueur, qui, depuis qu'il a quitté son ministère, a besoin d'être sorti deux fois par jour sinon il déprime. Idéal pour les enfants.

Offrir deux bâtons de marche à chaque citoyen

Ces deux bâtons de marche que vous garderez toujours avec vous vous donneront de l'assurance quand vous vous promènerez en ville et vous aideront à mieux délimiter votre espace dans les rames de métro.

5 POSITIONS DE YOGA POUR REDRESSER LA FRANCE

1. Le Bruno Le Maire tête en bas

Une position idéale pour mieux comprendre le quotidien du ministre de l'Économie, des Finances et de la Relance et avoir plus d'empathie pour sa politique : ça doit pas être facile tous les jours !

2. La position fœtale « présidentielles »

Une position idéale lorsque vous apprenez ce que vous avez fait samedi soir dernier ou le nom d'un nouveau candidat pour 2022. Dit comme ça vous trouvez peut-être qu'on exagère, mais quand vous découvrirez que John David de *Secret Story 2* se présente vous l'adopterez aussitôt.

3. La posture de l'enfant du président

Une position de « capitulation » à pratiquer chaque matin devant la photo de Son Excellence Emmanuel Macron (mais si vous avez une petite statuette de lui en bronze c'est encore mieux).

4. La torsion jambe au-dessus de la tête, œil en moins

Ce n'est pas vraiment une position de yoga, plutôt la conséquence de votre dernière altercation avec un CRS. Dans tous les cas, elle est indispensable à connaître avant de vous rendre à une manifestation.
N.B. : Alexandre Benalla donne des cours particuliers place de la Contrescarpe.

5. Le guerrier du métro parisien

Un *must-have* si vous prenez la ligne 13 en heure de pointe. La tête baissée, le bras gauche le long du corps pour éviter le moindre contact et la main droite sur le nez pour ne pas sentir les effluves de sueur, d'after-shave bon marché et de sauce tomate qui embaument la rame.

AU QUOTIDIEN

La charge mentale

Les hommes s'engagent à porter la charge mentale de leur femme une fois par semaine le lundi entre 9 heures et 11 heures et ce pendant 15 secondes.

Prénoms

Le gouvernement doit avoir un contrôle sur l'assignation des prénoms. Pour éviter que des prénoms à caractère non français ne soient donnés aux nouveau-nés, chaque garçon devra s'appeler Didier. Pour les filles, le choix se fera entre Corinne et XPDR A-000 (insérer chiffre).

Répartition des tâches domestiques

Mise en place d'un système de points dans chaque foyer afin de s'assurer de la bonne répartition des tâches domestiques. La première personne d'un couple à atteindre 100 points par semaine sera applaudie par ses voisins le dimanche à 20 heures.

Liberté d'expression

Il est indispensable de garantir une liberté d'expression totale entre 9 heures et 10 heures du matin chaque dimanche, dans une zone désignée par la commune. Cette zone sera bien sûr surveillée pour s'assurer que personne n'exprime une opinion contraire aux valeurs de la Start-Up Nation (précédemment appelée « République »).

Hormis cela, pour maintenir l'ordre et empêcher la dissidence, le déséquilibre et l'opposition, il est impératif de décourager quiconque à s'exprimer librement. Si vous souhaitez dire quel est votre docteur préféré en parlant de *Doctor Who*, vous avez intérêt à avoir raison. L'État construira des habitations où les dissidents seront envoyés pour accomplir des tâches manuelles diverses. À ne pas confondre avec les horribles goulags soviétiques, qui étaient tellement délabrés qu'il n'y avait pas de Wi-Fi.

Grâce à une application, il sera possible de détruire la carrière de quiconque exprimant une opinion socialement inacceptable en seulement quelques clics.

LES 5 CLÉS D'UN RÉGIME ALIMENTAIRE ÉQUILIBRÉ QUI RELÈVERA ASSURÉMENT L'ÉCONOMIE FRANÇAISE (sponsorisée par *Comme j'aime*)

1. Petit déjeuner

Un bon steak charolais de 1 kilo. Cuisson à point. Servi avec des frites (minimum 500 grammes).

2. Déjeuner

Deux bons steaks charolais de 1 kilo. Cuisson à point. Servis avec des frites (minimum 500 grammes).

3. En-cas

Un demi-steak charolais.

4. Dîner

Deux bons steaks charolais de 1 kilo. Cuisson à point. Servis avec des frites (minimum 500 grammes).

5. Pour les enfants en bas âge

Possibilité de passer le steak au mixeur, mais il est important de maintenir ce régime tout au long de leur croissance pour bien leur apprendre ce qui est bon et éviter qu'ils ne deviennent des relou de végans plombant l'ambiance des barbecues.

BOISSON

Au minimum un litre de vin de table français par repas et par personne.

Mariage

Il faut retourner aux origines du mariage traditionnel : un homme et une femme qui ne peuvent pas se supporter, une maîtresse, un amant, et des enfants qui n'oseront pas aller chez le psy une fois adultes parce que ça coûte trop cher.

UN EMPLOI DU TEMPS IDÉAL POUR RELEVER LA FRANCE

7 heures
Lever, prière à Emmanuel Macron.

8 heures
Petit déjeuner en visionnant une vidéo de motivation d'Emmanuel Macron.

9 heures
Prise de poste à votre premier travail de la journée.

11 heures
Petite pause entre collègues pour discuter du discours de la veille d'Emmanuel Macron.

12 h 30
Déjeuner sur votre espace de travail afin de ne pas perdre de temps précieux.

13 heures
Prise de poste de votre second travail de la journée.

15 heures
Rassemblement dans la cour d'usine pour assister à la pendaison hebdomadaire d'un lanceur d'alerte qui cherchait à ruiner les objectifs de l'entreprise.

16 heures
Pause réglementaire sur le lieu de travail.

18 heures
Prise de poste de votre troisième travail de la journée.

19 h 30
Visio avec vos enfants qui travaillent dans l'usine attenante à la vôtre.

21 heures
Dîner devant BFMTV. Allocution d'Emmanuel Macron.

23 heures
Prise de poste de votre quatrième travail de la journée.

2 heures
Couchage sur le lieu de votre travail afin d'optimiser les trajets quotidiens.

Langue vernaculaire

La « *language of use* » sera le français et l'anglais, mais *more* l'anglais *because* c'est *way more cool*. Nous devons prescrire l'usage de certaines langues du fait de leur caractère antipatriotique, telles que le klingon ou le français de Belgique.

Réforme de la langue française

Nous rendrons enfin acceptable l'usage de « Si j'aurais », « Vous disez », et « Je n'aime pas le pastis ».

Nous établirons officiellement la distinction entre « le week-end prochain » et « le week-end prochain, pas celui qui vient là mais celui d'après, le week-end prochain prochain quoi ».

Le mot « oignon » deviendra « heaugnyiont ».

CULTURE

5 PROPOSITIONS AFIN D'AMÉLIORER LA QUALITÉ DES FILMS FRANÇAIS

1. Tous les rôles seront joués par Fabrice Luchini.

2. Le budget de chaque production sera géré par François Lenglet.

3. Les films d'auteur déprimants seront pimentés avec des grosses explosions.

4. Chaque scénario dépeindra un flic désabusé qui s'en fout des règles et qui déteste l'autorité.

5. Les personnages devront briser le quatrième mur toutes les vingt minutes pour dire qu'ils soutiennent la lutte contre le racisme.

Humour

- Les humoristes sur scène n'auront plus le droit de demander à deux personnes dans le public si elles sont en couple.
- Charline Vanhoenacker et Alex Vizorek pourront continuer à critiquer les personnalités politiques mais seulement à condition de taper aussi sur le IIIe Reich, parce que c'est quand même bizarre qu'ils soient si silencieux sur ce sujet.
- Les livres d'humour seront interdits. Les livres, ce n'est pas pour amuser les gens, c'est pour la propagande d'État et les sudokus.
- Chaque individu souhaitant faire une blague en société devra la faire précéder d'un avertissement comme suit : « Attention hein, je vais faire une blague. » Le terme « boutade » est également accepté.
- Tex pourra revenir à la télévision à condition de confesser tous ses péchés en direct à chaque début d'émission. Les responsables de son licenciement en décembre 2017 pour cause de blague sexiste, quant à eux, seront obligés de *binge-watcher* « Les Z'amours ». Personne ne se fera virer pour une blague, à moins qu'il s'agisse d'un jeu de mots.

QUELQUES PROPOSITIONS POUR BOOSTER L'INDUSTRIE DE LA MUSIQUE FRANÇAISE

• Créer un ministère pour engager des individus qui se chargeront d'expliquer le conflit entre Booba et Kaaris à ceux qui ne savent pas de quoi il s'agit.

• Permettre à Nagui de continuer à enregistrer des émissions de « N'oubliez pas les paroles », mais personne ne lui dira qu'elles ne seront jamais diffusées.

• Ajouter une corde au ukulélé.

• Offrir une aide de l'État afin que les groupes de musique puissent se permettre d'engager Laurent Ruquier pour utiliser son rire comme accompagnement.

• Enseigner aux enfants, dès l'école primaire, à prendre de la cocaïne.

LES LIMITES DE L'HUMOUR

• Interdiction de se moquer du physique des gens, sauf s'il s'agit vraiment de personnes très moches.

• Interdiction de faire des blagues sur le cancer, sauf bien sûr le cancer du côlon et des testicules, parce que bon, sinon la vie est triste.

• Les blagues sur la religion doivent être autorisées, sauf si elles visent une religion en particulier, mais on doit encore savoir laquelle.

• Les blagues pédophiles ne seront pas acceptables, sauf si vous êtes vous-même pédophile.

• Les blagues sexuelles seront autorisées, mais les rapports sexuels seront interdits donc on ne voit pas trop l'intérêt.

TEST

Êtes-vous capable de survivre à l'effondrement ?

Faites ce test pour savoir si vous êtes à même de tenir lors des dix-sept prochains confinements à venir (il sera possible de découper la page de ce manuel pour vous en faire un masque FFP2).

Quel est le premier réflexe à adopter en cas de confinement inopiné ?

A. Acheter tous les stocks de papier toilette dans un rayon de 90 kilomètres autour de chez vous.

B. Prendre la route pour aller contaminer le village de votre résidence secondaire.

C. Sortir sans masque. De toute façon, ce n'est qu'une petite grippe !

Respectez-vous les consignes du gouvernement en ce qui concerne les masques et gestes barrières ?

A. Oui, d'ailleurs chaque membre de votre famille doit obligatoirement se baigner dans du gel hydroalcoolique deux fois par jour.

B. Vous avez fait un trou dans votre masque pour mieux respirer et c'est plus agréable pour parler !

C. Vous n'allez pas vous arrêter de vivre pour si peu ! Et puis vous avez besoin d'une nouvelle coupe de cheveux !

Que ferez-vous si un vaccin est découvert, mettant fin à la pandémie ?

A. Vous vous assurerez que votre famille reçoive les premières doses en détournant une partie du chargement.

B. Cela ne vous arrange pas trop, ça veut dire que le confinement est terminé et que vous allez devoir revenir à Paris ?

C. (*Peu probable que vous ayez pu survivre pour arriver à ce stade du test, recommencez à la question 1.*)

Majorité de A : Vous avez regardé la série *L'Effondrement*, suivi les aventures de Bear Grylls, survécu au confinement avec vos beaux-parents : vous êtes prêt, vous avez le cuir épais, vous serez un des rares à survivre.

Majorité de B : Vous y arriverez, mais de justesse. Votre dignité fera partie des choses du passé au même titre que la civilisation occidentale.

Majorité de C : Votre corps servira de réserve de nourriture pour les survivants de la colonie : c'est déjà un début.

Politique

S'il faut relever la France, la politique est sans doute le principal chantier. Un chantier qui passe par plusieurs projets très honorables comme remettre la confiance au centre des préoccupations des électeurs. Aussi, il sera important d'établir une meilleure approche, avec une technique démagogique mais résolument plus humaine, qui permet de mentir aux gens mais tout en faisant croire qu'on va les respecter.

LES GRANDS PRÉSIDENTS DE LA FRANCE

Le général de Gaulle

Personnalité que les gens de droite aiment encore faire parler des années après sa mort. Le Jeff Panacloc des souverainistes. Président qui a initié le télétravail en libérant son pays depuis l'Angleterre. Aussi connu pour ses interventions radio que pour ses lois. Certains historiens assurent qu'en dehors du 18 juin 1940, il prenait le micro tous les soirs pour donner des conseils sexo aux auditeurs de Radio Londres : « la radio soul & dance ».

François Mitterrand

A pour grande qualité d'être ce que la gauche a fait de mieux, tout en n'étant pas vraiment de gauche. Son charisme tient pour beaucoup au fait que ses successeurs n'en avaient aucun.
Il cachait mieux son passé de collabo que ses enfants illégitimes. Tourne casaque et comédien de grand talent. Caméléon sublime.

Jacques Chirac

Bon vivant. Qui dort dîne.
Ne se réveillera pas.

Nicolas Sarkozy

A voulu relever la France en la passant au nettoyeur haute pression d'occasion.

François Hollande

Non.

Emmanuel Macron

Arrêtez, vous voulez qu'on pleure c'est ça ?

COMMENT RELANCER LA FRANCE ?

Déménager en Allemagne

On dit que l'herbe n'est pas plus verte ailleurs, mais force est de constater qu'en Allemagne ça a quand même l'air d'être moins la cata. Enfin, c'est ce que disent les pages saumon du *Figaro* qui, jusqu'à preuve du contraire, ne se sont jamais trompées (si c'est le cas, merci d'en envoyer la preuve à la rédaction. Le gagnant remporte un exemplaire de ce livre).

Donner les pleins pouvoirs à François Asselineau

La catastrophe économique dans laquelle pourrait nous emmener François Asselineau serait l'occasion de s'effondrer pour de bon, puis de tout recommencer de zéro. Les Français ont besoin de changement et quoi de mieux qu'un énorme chaos pour repartir du bon pied ?

Prêter allégeance à un gouvernement reptilien

Tant qu'on n'a pas essayé, on ne peut pas savoir. C'est souvent ce que vous dit un ami pour vous encourager à boire un *shot* de lessive en *after*, mais c'est une phrase pleine de sagesse. Ainsi, pour relancer la France, il semble pertinent de donner leur chance aux reptiliens qui cohabitent avec nous, mais qui ont la pudeur de ne pas trop se manifester. Au lieu d'en avoir peur, faisons leur confiance. Reptiliens *Live Matter*.

Obliger les candidats à faire leurs clips de campagne sur TikTok

Pour relever la France, il faut s'adresser aux jeunes. Et quoi de mieux pour ça que de le faire sur leur réseau social favori ? Il est certain qu'avec un peu d'entraînement, n'importe quel homme politique saura convaincre la génération Z à l'aide d'une chorégraphie amusante. Il y a fort à parier que si, à l'époque, le général de Gaulle avait osé se trémousser en crop top sur du Jul, la France serait encore la première puissance mondiale.

Voter Manuel Valls

Non, pas dans les urnes, mais dans « Danse avec les stars ». Avec son expérience en Espagne, on est sûr qu'il remportera l'émission grâce à ses sublimes pas de tango. Et, franchement, quoi de mieux pour relever politiquement la France que d'éloigner Manuel Valls des arcanes du pouvoir ?

Donner le droit de vote aux chiens

On ne cesse de vanter le flair et l'intuition des chiens. C'est pourquoi il faut aller au bout de la logique et donner le droit de vote aux chiens de ce pays. Sauf les bergers allemands, car ce serait administrativement trop long de tous les naturaliser.

LA RÉVOLUTION FRANÇAISE

La Révolution française est une légende urbaine selon laquelle les Français se seraient révoltés pour renverser le pouvoir à la fin du XIXe siècle. C'est aussi l'un des rêves érotiques les plus fréquents d'Arnaud Montebourg.

Aujourd'hui on sait que c'est impossible et qu'une révolution peut seulement aboutir à une hausse du SMIC de 100 euros (ce qui est déjà très bien !*).

*Note de l'éditeur

Le saviez-vous ?

(Ce n'est pas une info en plus, juste une question pour savoir si vous saviez tout ce qu'on vient d'écrire.)

COMMENT REDYNAMISER LA VIE POLITIQUE

C'EST QUOI L'ASSEMBLÉE NATIONALE ?

Incontournable de la vie politique française, l'Assemblée nationale accueille quotidiennement une salve de députés qui y sont filmés. Les personnes présentes cherchent à se faire remarquer en parlant dans un micro. Il y est permis de faire un somme, manger des biscuits, porter une cravate ou jeter des œufs sur les autres députés.

Donner une vraie majorité à l'Assemblée nationale

Pour donner un véritable poids à la majorité et réformer le pays en profondeur, il faut absolument que les 577 députés soient issus de la majorité présidentielle. En plus de favoriser les questions courtoises, cela permettra d'éviter bien des débats inutiles et d'offrir à Richard Ferrand un rôle à la hauteur de son absence de compétences.

Changer le statut de Pierre Moscovici

Pierre Moscovici sera considéré comme une institution à part entière et décidera lui-même du poste qu'il souhaite occuper. C'est comme ça, ne nous demandez pas d'explications.

POURQUOI LE SÉNAT C'EST SUPER IMPORTANT ?

Nous ne pouvons que spéculer, car nous n'aurons pas de réponse définitive à cette question tant que Jamy Gourmaud n'aura pas fait d'épisode à ce sujet (à la date de publication de ce livre, Jamy n'a toujours pas répondu à nos e-mails). Néanmoins, voici quelques hypothèses :

- Le Sénat permet de perpétuer la tradition française consistant à se crier dessus.
- Il permet de regarder Public Sénat quand il n'y a rien d'autre à la télé.
- À partir de 2021, le Sénat sera présidé par la personnalité préférée des Français afin de gagner en popularité.

Raser le Sénat

Bien évidemment, pour une véritable efficacité, on ne peut pas se contenter d'assurer une vraie majorité à l'Assemblée nationale, il faut également supprimer le Sénat, contre-pouvoir qui ne sert à rien sinon à faire perdre du temps à tout le monde. C'est pourquoi il est urgent de le raser et de le remplacer par un *escape game* dirigé par Marcel Campion. Chaque citoyen pourra venir s'y détendre après une dure journée passée à glander au jardin du Luxembourg.

Fusionner le Conseil d'État, le Conseil constitutionnel et le groupe LREM

Plutôt que de faire « rien qu'à embêter l'exécutif », le Conseil d'État et le Conseil constitutionnel ne rendront des avis que sur les opposants au gouvernement. Afin de garantir le calme, la paix et un exercice serein de la démocratie, ils devront faire un rapport hebdomadaire sur les Gilets jaunes, Jean-Luc Mélenchon et Cindy Sander et son tube *Papillon de lumière*. Leurs compétences seront élargies et ils pourront donner leur avis aussi bien sur l'apparence physique que l'accoutrement des opposants au régime. Ils pourront à tout moment interdire la barbe de Jérôme Rodrigues ou saisir la justice au sujet des tee-shirts de François Ruffin. Ils auront enfin la possibilité de prononcer des peines à leur encontre pouvant aller de la prison avec sursis à l'écoute de Vianney à perpétuité.

Le référendum d'initiative citoyenne

Plébiscité par de nombreux citoyens, le RIC sera institutionnalisé pour donner voix au chapitre à n'importe quel représentant du peuple. Pour cela, c'est très simple : il suffira de réunir 67 millions de signatures sur un sujet donné. La proposition en question sera alors transmise au président en personne qui aura le choix entre la jeter à la poubelle, la brûler ou en faire des confettis pour le prochain mariage de Carlos Ghosn au château de Versailles.

Minute de haine contre Anne Hidalgogo

Afin de rassembler les Français et plus particulièrement les Parisiens, il est proposé qu'une fois par semaine soit organisé un grand événement en mondovision où tous les citoyens sont aimablement obligatoirement invités à cracher leur haine sur Anne Hidalgo (les raisons seront fournies par votre député LREM local). Les personnes refusant de se joindre à ce moment de communion perdront leurs droits civiques.

Revoir la règle des parrainages pour la présidentielle

Plutôt que de chercher pendant des mois à récolter les fameuses cinq cents signatures d'élus, ce qui prive les potentiels candidats d'heures précieuses sur les réseaux sociaux et qui a pour conséquence également d'écarter des personnes aussi talentueuses que Nicolas Miguet ou Hervé Mariton, pourquoi ne pas se limiter aux signatures de Richard Ferrand, Gilles Le Gendre et Emmanuel Macron ? Cela permettrait à notre bon président de se représenter à chaque élection avec la certitude d'être élu. Et cela aurait surtout le double avantage de nous faire éviter un laïus de Marine Le Pen sur les envahisseurs lors du débat de l'entre-deux-tours et de nous laisser partir en week-end sans culpabiliser de ne pas aller voter.

ÉLECTIONS

Remplacer les urnes par des votes par SMS au **8899**, où chaque électeur devra aussi répondre à une question pour prouver qu'il est apte à participer à la vie démocratique.

Exemples de questions :

- Quel est le nom du scientifique qui a créé Jean-Luc Mélenchon en laboratoire en 2002 ?
- En quelle année la France est-elle passée d'une monarchie à un système où on est obligé de choisir pour le candidat le moins insupportable qu'on passera quand même des années à critiquer ?
- Combien de « matchs » Jean Lassalle a-t-il eus sur Tinder ?
- Seriez-vous prêt à vous battre pour la France si on vous demandait de rejoindre l'équipe nationale de bowling ?
- Quel est le nom de cette baie orange bizarre qui accompagne parfois les desserts au restaurant ? Aucun rapport, mais tout ne doit pas parler de politique quand il s'agit d'élections, bon sang ! Un peu de gourmandise !

ÉGALITÉ HOMME-FEMME

- L'égalité salariale sera mise en place le premier et le dernier dimanche de chaque mois contre seulement un jour auparavant. Le gouvernement a pour objectif d'atteindre cinq jours par mois d'ici à 2046.
- Les pères seront autorisés à aller chercher leurs enfants à l'école le jour de leur choix dans l'année.
- Un pas de plus fait par les entreprises, ces dernières s'engagent à ne pas licencier leurs salariés masculins qui devront partir plus tôt pour s'occuper de leur progéniture. Au-delà d'un départ anticipé par an, le salarié en question risque le blâme ou le licenciement pour faute grave.
- Les pères de famille auront également le droit de prendre leur matinée une fois tous les cinq ans pour emmener leur enfant chez le médecin.

COMMENT REDONNER UN PEU DE POUVOIR MAIS PAS TROP NON PLUS À L'OPPOSITION

Les experts tendent à penser qu'il faudrait munir l'opposition de clac-doigt et d'armes en mousse pour qu'elle retrouve un peu de son zèle.

L'opinion publique pense de son côté que ses membres auraient plus d'impact sur la vie politique s'ils se rendaient à l'Assemblée nationale dans un hélicoptère conduit par Michel Drucker.

Mais à quoi ça sert, l'opposition ?

Les membres de l'opposition servent à créer des débats et parfois même des disputes. Ils n'ont pas de code vestimentaire distinct, même s'ils aimeraient bien emprunter secrètement l'écharpe rouge de Christophe Barbier.

En France, l'opposition ne sert pas à grand-chose tant qu'elle n'arrive pas au pouvoir. Lorsqu'elle y parvient, elle change de nom.

Dans d'autres pays que la France, l'opposition sert à fabriquer des allumettes en prison ou à mettre un peu de vie dans un cachot.

Que faire pour redonner confiance en la politique ?

Faire porter une *bodycam* à tous les membres du gouvernement. Cela permettrait de surveiller tous leurs mouvements, ainsi que de s'assurer qu'ils ne travaillent pas sur des lois visant à trop unir les Français.
De temps à autre, faire croire qu'un membre de l'opposition a remporté une élection (mais une élection locale du type cantonale ou régionale – il ne faudrait pas non plus que l'opposition reprenne confiance, ce n'est pas le but).

DÉFINITION

La corruption

Sport d'équipe pratiqué par des personnes qui aiment l'argent.

GÉOPOLITIQUE

Israël

Il est indispensable de continuer à soutenir Israël, la cause palestinienne et ses alliés, les alliés d'Israël, les alliés de la Palestine, ainsi que les ennemis d'Israël afin de maintenir la stabilité au Moyen-Orient.

Afrique

Il faut continuer de pratiquer une politique coloniale dans ces pays décolonisés.

Nucléaire iranien

Nous devons laisser l'Iran développer son arsenal nucléaire à condition que ses dirigeants promettent de ne l'utiliser que pour des guerres pacifiques.

Corée du Nord

Malgré tout, il faut quand même dire que Kim Jong-un a de bonnes idées.

Arabie saoudite

Étant donné le non-respect des droits de l'homme dont est coupable l'Arabie saoudite, il est indispensable que nous soyons fermes sur la manière dont nous détournons les yeux sur ses atrocités et dont nous continuons de lui vendre des armes.

Arctique / Antarctique

Tenter de freiner la fonte des glaces en y installant des climatiseurs achetés sur Le Bon Coin.

États non reconnus internationalement

La France doit s'engager à reconnaître la souveraineté de n'importe quel territoire dans le monde ayant déclaré son indépendance, à condition qu'il soit possible d'y cacher de l'argent pour payer moins d'impôts.

Il est également indispensable de continuer à prétendre que la Belgique est un vrai pays.

Indépendance de la Catalogne

Nous écouterons l'avis de Manuel Valls sur la question et nous prendrons la position inverse.

Maghreb

Continuer de ne pas s'en occuper.

Cachemire

Tout le monde devra y aller pour se découvrir soi-même.

TEST

Pouvez-vous prétendre être l'enfant spirituel d'Emmanuel Macron ?

Les valeurs républicaines vous rendent aussi heureux qu'une personne à l'estomac bien rempli : faites le test pour connaître la vérité sur votre géniteur spirituel.

Quand vous n'êtes pas content contre quelque chose :

A. Vous jurez sur la tête de Jean Castex puis vous mourez de culpabilité.

B. Vous commencez à harceler moralement une personne plus faible que vous.

C. Vous allez vous ressourcer dans votre moulin de 1 000 mètres carrés.

Au réveil, votre première pensée se dirige vers :

A. Quelqu'un de fort, beau, supérieur et charismatique comme Emmanuel Macron.

B. L'endroit où vous avez rangé votre stylo 4 couleurs puis Bubulle, votre poisson de compagnie.

C. Votre plan secret pour gagner vraiment plein d'argent et le cacher dans un endroit très très secret.

Pour vous, la politique c'est :

A. Un truc super qui va vous permettre d'imposer vos idées à des personnes génétiquement inférieures.

B. Une sorte de grosse courge dans laquelle on aurait mis des bonbons de toutes les couleurs qui ne s'entendent pas forcément.

C. Un moyen de devenir célèbre comme Brad Pitt et d'avoir plein d'argent comme Bernard Arnault.

Majorité de A : Vous possédez une belle mentalité ; si le président avait connaissance de votre petite existence, peut-être qu'il ferait quelque chose pour vous. Malheureusement, vous pouvez à peine prétendre être l'enfant spirituel de Manuel Valls.

Une majorité de B : Vous pouvez ambitionner d'être un gros naze, qui est juste capable de se faire un croche-pied à lui-même.

Une majorité de C : Bravo, vous êtes l'enfant spirituel de Patrick Balkany.

Économie

« Le fric est le propre de l'homme », disait Montaigne. Et Jacques Attali d'ajouter : « Tout commence en mystique et finit en économique. » À l'heure du tout sanitaire ou de la propagande écologique, le risque est grand de voir l'économie perdre sa première place au profit de causes secondaires. Si l'argent n'a pas d'odeur, il a une saveur et celle-ci est irremplaçable. Tout l'amour et toute la compassion du monde, tout l'héroïsme dont sont capables certains humains ne sont rien au regard du plaisir ineffable qu'il y a à froisser quelques billets entre ses mains et à sentir le frisson de la vie nous parcourir.

RÉFORMES

Privatisation du ministère de l'Économie

Afin de montrer l'exemple, le ministère sera privatisé à hauteur de 100 %. À terme, Vincent Bolloré compte investir dans au moins la moitié des parts afin de pouvoir prendre la place de Bruno Le Maire. En contrepartie, ce dernier sera nommé inspecteur des impôts.

Sortir de l'UE puis de la Terre

Pour relancer notre économie, il est évident que nous devons quitter l'Union européenne en déménageant ailleurs. Les solutions existent. Pourquoi ne pas louer un lopin de Terre dans un désert asiatique ? Enfin, dans l'absolu, après l'UE, c'est la planète Terre qu'il faut quitter. Tout y est foutu. Écologiquement, c'est une catastrophe. Les gens perdent leur temps sur TikTok. L'herbe est sans doute plus verte ailleurs.

Retour à l'ancien franc

Pour faire plaisir à nos grands-parents avant leur disparition. Et parce que les pièces d'euros sont vraiment moches.

Plan quinquennal sur dix ans

L'économie, c'est de la rigueur. Les chiffres ne mentent jamais. Alors sortons nos calculettes et osons lancer un plan quinquennal strict sur dix ans. Et si ça ne suffit pas, eh bien démerdez-vous.

Créer sa monnaie virtuelle

Ceci n'a strictement aucune réelle utilité si ce n'est pouvoir mettre en place un nouveau système économique destiné à exploiter son prochain mais cela donnera l'impression d'être dans un univers rétrofuturiste avec des ordinateurs qui font du bruit et des androïdes qui chassent d'autres androïdes.

Mondialisation

Nous devons encourager le libre-échange en instaurant le moins de restrictions possible afin que les Français puissent continuer à être libres d'acheter des chaussettes rigolotes chez H&M.

Monnaie

À la place de l'euro, une option envisageable serait de revenir à un système de troc.

1 agneau = 100 boîtes de Nesquik

1 préservatif = une reprise d'une chanson de Patrick Sébastien au ukulélé

L'entièreté des parts d'Airbus = un caleçon usagé de François Lenglet

FRANÇOIS LENGLET

François Lenglet sera responsable de l'entièreté de l'économie, des finances, du budget, et de la caisse de la boutique de souvenirs de l'Élysée. Qu'il le veuille ou non.

Pourquoi François Lenglet ?

François Lenglet, futur leader suprême de la France, est l'homme le plus apte à redresser l'économie du pays. Il est si charmant, si doux et nous regarde avec tant d'amour dans les yeux. Il s'assurera également que la France sera toujours prête à présenter une explication vulgarisée de concepts économiques contre ses ennemis.

QUELQUES NOTIONS

Le libéralisme, néolibéralisme

Un peu de liberté économique n'a jamais tué personne. Posez-vous les vraies questions en vous levant le matin : avez-vous été compétitif hier ? Le serez-vous aujourd'hui ? Quels vont être vos actions pour combler la dette ? Quel secteur allez-vous uberiser désormais ? Dans quel pays allez-vous délocaliser massivement ? Et surtout, combien allez-vous pouvoir palper grâce au CICE ? On critique, on critique, mais essayez de trouver un autre système économique aussi bien !

Le communisme

Régime où il fait froid et où les gens ont des chapeaux gris. Ses membres n'ont même pas réussi à aller sur la Lune, les losers. Cependant, si vous possédez des minorités d'une religion interdite par l'État, vous pouvez les envoyer dans des camps de concentration pour les faire travailler à moindres frais sur des produits que s'arracheront à prix d'or ces chiens de capitalistes. Malin !

Ne plus renouveler les infrastructures des villes de moins de 10 000 habitants

Les gens qui habitent dans ces villes font un choix qui va clairement à l'encontre du développement économique et de la croissance. Il est temps pour eux de l'assumer : qu'ils ne s'attendent pas à trouver de gare, d'école, d'hôpital ou même de pharmacie ou de bureau de poste à proximité. On est déjà bien gentils de laisser des routes goudronnées bientôt remplacées par des pistes cyclables.

Choisir les gagnants du Loto sur dossier

Adieu le système fallacieux de tirage au sort ! Les candidats au Loto devront se présenter sur dossier et proposer plusieurs idées de start-up disruptives. L'idée la plus innovante se verra remettre la coquette somme de plusieurs millions d'euros. Pour la présentation, pas d'inquiétude : on demandera aux candidats des choses triviales à la portée de n'importe quel Français : quelques *slides* bêtes et méchantes sur leur TRI, leur VAN et un résumé de leur plus belle LBO sur leur MacBook Pro feront l'affaire.

EMPLOI

Rétablir les jeux du cirque pour éradiquer le chômage et régler le problème des retraites

Pour maintenir les citoyens dans leur léthargie, éviter d'éventuelles insurrections et continuer à enrichir les plus riches, il est primordial de divertir le peuple. Or l'exploitation des écrans arrive à saturation. Quoi de mieux dès lors que de retrouver le plaisir des jeux du cirque ?

Les combats de gladiateurs seront remplacés par des combats de chômeurs afin de réaliser un double objectif : tester leur véritable motivation à travailler et faire baisser drastiquement le chômage.

Le vainqueur ultime se verra attribuer un contrat d'intérim.

Mise en place du « malus » dans l'entreprise

Sur le modèle des assurances, les P.-D.G. des entreprises pourront attribuer des malus si leurs employés ont un mauvais comportement.

Mettre son mouchoir à côté de la corbeille ou passer devant tout le monde à la machine à café pourra être sanctionné par un salaire dévalorisé. Le salaire de l'employé pourra être négatif.

Robotisation

Une énorme partie des métiers sera remplacée par l'intelligence artificielle. Il faut accepter cette évolution, et vous aurez grand intérêt à ne pas remettre en question votre nouveau manager nommé XPRL-76B si vous ne voulez pas vous faire pulvériser.

Certains métiers pourront continuer à être pratiqués par des humains : sosie de Johnny Hallyday, youtubeuse maquillage et philosophe expert en intelligence artificielle qui écrit des livres pour nous dire qu'il avait raison depuis le début et qu'on est tous foutus.

Mise en place du salaire à points

Les dirigeants des entreprises seront en charge de décider du nombre de points à attribuer à chaque employé. La valeur du point sera fixée par un produit en croix calculé par Muriel Pénicaud en personne. L'ancienne ministre assure que « tout le monde y gagnera ».

Équilibre travail / famille

Afin d'encourager un équilibre sain entre la vie professionnelle et familiale, les salariés seront amenés à se faire accompagner par leurs enfants sur leur lieu de travail pendant leur temps libre.

Le SMIC

Rien ne justifie de laisser les Français les plus précaires dans une situation financière déplorable qui ne leur permet même pas d'acheter ce dont ils ont besoin sur le *dark web*.

Le salaire minimum de croissance sera élevé à 1 000 euros par heure afin que chacun puisse accéder aux mêmes droits, tels que s'abonner à Netflix, Disney+, Amazon Prime et OCS ; corrompre le système judiciaire ; investir dans une compagnie de sous-vêtements offshore avec un prince saoudien prénommé Hassan...

La défiscalisation des heures supplémentaires

Cette mesure sera possible grâce à une astuce simple qui ne coûtera pas un centime au contribuable : ces heures supplémentaires seront en effet défiscalisées tout simplement parce qu'elles ne seront pas payées !

Licenciement

Le licenciement sera facilité pour les employés qui volent des stylos et des agrafeuses. Les salariés qui disent des phrases ressemblant à « Ah, j'aime pas les lundis ! » seront envoyés en camp de travail en Corée du Nord grâce à un partenariat avec la dynastie Kim.

Congés payés

Chaque salarié se montrant assez indécent pour prendre un jour de congé payé se verra obligé de compléter par une journée de travail d'intérêt général, par exemple comme médiateur dans un Intermarché de Troyes ou comme ramasseur de morceaux de peaux mortes des pieds du président de la République.

ÉTAT PROVIDENCE

Couper les allocations familiales aux populistes qui ne votent pas LREM

Les allocations sont versées par l'État. Tous ceux qui le critiquent et qui appellent indirectement au soulèvement, par leur attitude contestataire et irresponsable, seront tout naturellement privés de CAF. La démocratie est à ce prix.

Aide de l'État pour les ménages précaires

En cas de fins de mois difficiles, l'économiste François Lenglet sera dépêché à votre domicile pour trouver une solution et surtout dresser la liste de toutes vos erreurs qui vous vaudront chacune une pénalité. À un moment donné, il va falloir assumer vos responsabilités !

Revenu universel

Un revenu de base sera instauré pour tous les Français de plus de 18 ans, sans aucune condition hormis celle de devoir s'inscrire au programme de fidélité des magasins Gifi.

Une Sécurité sociale plus responsable

Pour combler son déficit, la Sécurité sociale ne remboursera plus que les soins qui le nécessitent vraiment, comme la pose de plombages ou la chirurgie esthétique. En revanche, les traitements souvent lourds et inutiles puisqu'on finit tous par mourir – contre le cancer ou le sida par exemple – ne seront plus remboursés. L'euthanasie sera entièrement prise en charge.

Par ailleurs, les personnes retraitées encore en bonne forme seront employées à boucher le trou de la sécu en exécutant divers petits travaux d'intérêt général comme : mettre des amendes à des jeunes irrespectueux, faire la quête à la sortie du supermarché ou encore vendre des petits gâteaux devant les établissements scolaires.

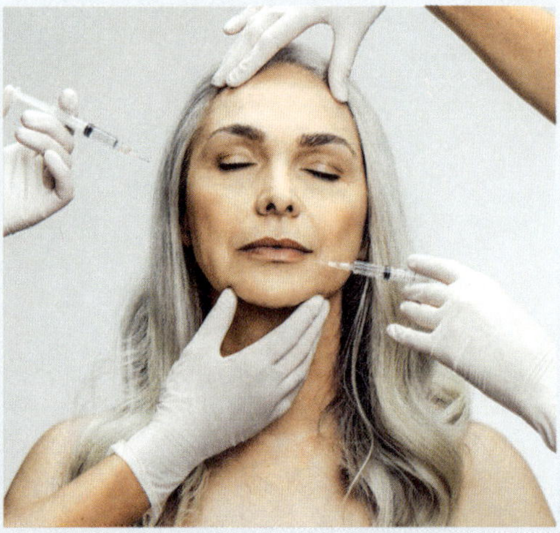

IMPÔTS

Prélèvement à la source sur les dix prochaines années

Le prélèvement à la source se fera désormais chaque décennie. Cela permettra à l'État d'engranger de la trésorerie, de financer de nombreux projets d'essais nucléaires et d'organiser sa garden-party. Ainsi, on pourra faire le tri entre les ménages solvables et ceux qui ne sont rien. Il est temps d'arrêter d'aider ceux qui coûtent un pognon de dingue.

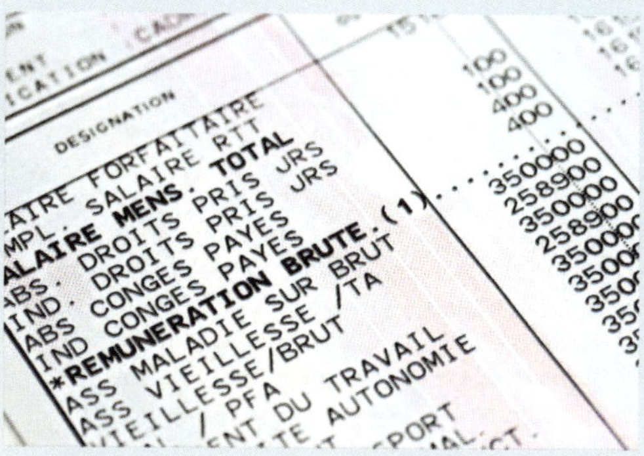

La suppression de l'impôt sur la fortune immobilière (IFI)

La suppression de cet impôt permettra de faire revenir les grandes fortunes en France. Ça avait tellement bien marché à l'époque où Nicolas Sarkozy l'avait fait pour l'ISF que ce serait dommage de se priver !

La taxe foncière

Chaque ménage qui aura payé sa taxe foncière dans les temps se verra offrir une figurine de Bruno Le Maire faisant coucou. La figurine sera équipée d'un petit panneau solaire afin qu'elle ne se décharge jamais et pourra être placée à l'endroit de son choix.

Réinstauration des taxes douanières entre Paris et la province

La libre circulation des personnes entre Paris et la province est un gouffre financier. Ils ne viennent à la capitale que pour dépenser de l'argent dans des musées sans intérêts, des magasins de vêtements bas de gamme et assister aux émissions radio de Cauet. Réinstaurons les taxes douanières entre Paris et la province, et le pays s'en portera bien mieux.

Payer ses impôts

Certaines personnes pourront choisir entre payer leurs impôts et divertir le maire de leur commune avec un spectacle de stand-up avec trois thèmes au choix : « Grandir dans la cité », « La différence entre les hommes et les femmes » et « Les travaux de Max Planck sur la physique quantique peinent-ils en comparaison de ceux de Louis de Broglie ? ».

Interdire l'évasion fiscale

Sur le papier bien sûr. Il s'agira de publier des lois très restrictives, très méchantes et qui feront vachement peur aux méchants capitalistes. Patrick Balkany sera contraint de faire une tournée des lycées dans un camping-car pour dire tout le mal qu'il pense de l'évasion fiscale.

CONSOMMATION

Donner à ses enfants des prénoms universels

À l'heure de la mondialisation, de l'expatriation et des visioconférences, des prénoms compréhensibles par tous sont hautement recommandés.

Les trois prénoms les plus donnés par les Français en 2025 :

IOS

Inbox

Partnership

Attention, les prénoms composés type Cash-flow ou Business Plan font un peu « coincé ».

Augmenter la consommation des ménages

Chaque foyer français sera muni d'un boîtier de contrôle qui s'assurera que le ménage consomme assez afin de soutenir la croissance du pays. Dans le cas contraire, le ménage se verra attribuer des pénalités sous forme d'impôts.

Découvert autorisé

Chaque Français qui sera à découvert avant le 15 du mois sera déchu de sa nationalité et envoyé dans un camp de travail dirigé par Muriel Pénicaud.

Instaurer une messe hebdomadaire dans les Apple Store

Pour encourager la croissance, les citoyens seront invités à se rendre chaque dimanche dans un Apple Store pour prononcer quelques prières en faveur de la reprise économique, le tout sous la houlette d'un Apple Barista qui procédera à une quête et récitera des extraits de la biographie de Steve Jobs (un exemplaire sera disponible sur chaque pupitre pour suivre).

Prière *Notre Jobs*

Notre Jobs qui est aux cieux
Que tes impôts soient défiscalisés
Que ton monopole règne,
Que tes bénéfices soient décuplés
En Asie comme en Europe

Donne-nous aujourd'hui
Notre Wi-Fi de ce jour
Pardonne-nous nos dépenses
comme nous pardonnons aussi
à ceux qui n'ont pas assez consommé
Mais soumets-nous toujours
à la tentation
Et délivre-nous de l'ascétisme

Amen

LES NOUVELLES CÉRÉMONIES RELIGIEUSES

La plupart des fêtes et cérémonies religieuses – Pâques, Hanouka ou l'Aïd par exemple – seront remplacées par des nouvelles.

• Le Dry Culture January

Pour éviter d'être parasité par des pensées impures en ce début d'année, on essaie de ne surtout pas se cultiver pendant trente jours : pas de livre, pas de cinéma, pas de films… Seules les séries Netflix seront autorisées. Une pratique que suivent déjà la plupart des fidèles toute l'année.

• Avril gras

Un mois durant lequel on s'engage à ne jamais s'arrêter de consommer jusqu'au coucher du soleil. Tous les bénéfices seront reversés aux entreprises.

• L'iPhone Day

Le dernier lundi de septembre sera férié pour permettre à tous les fidèles de suivre la keynote du nouvel iPhone et de se précipiter en magasin pour acheter le dernier modèle.

• Le nouvel Halloween

Fête durant laquelle les enfants se déguisent en chômeurs ou en intermittents du spectacle pour faire peur aux honnêtes travailleurs, toquent à la porte et scandent : « Des allocs ou un sort ! » Durant la cérémonie de clôture, une piñata à l'effigie de Benoît Hamon est détruite.

• La Saint-Gates

Journée romantique durant laquelle on gâte son smartphone en lui achetant des accessoires : enceinte, chargeur, adaptateur, coque… Un classique reste aussi d'emmener son PC en week-end à Honfleur.

• Le Black Friday

Le Black Friday remplacera tout simplement Noël, cette fête paillarde et anti-laïque.

Remplacer tous les verbes de la langue française par « disrupter »

Par son aspect fourre-tout, le verbe disrupter s'adapte très bien au langage de la vie quotidienne.

Par exemple :

« Nous sommes invités à disrupter chez les Duval ce soir. »

« Que dirais-tu d'aller disrupter quelques jours dans le Perche ? »

« Tiens chéri ça fait longtemps que nous n'avons pas disrupté. Prépare-toi, je vais te disrupter comme tu n'as jamais été disrupté avant. »

TEST

Êtes-vous à même de relever l'économie française ?

Grâce à ce test, découvrez enfin à quel signe astrologique et quelle niche fiscale vous appartenez !

Faut-il mettre en place un revenu universel ?

A. Oui, ce sera une belle avancée sociale.

B. Oui, mais les bénéficiaires sont-ils vraiment dans le besoin ? Ne vont-ils pas en profiter pour acheter des téléviseurs à écran plat ?

C. Comment ça ? Tout le monde va se mettre à toucher des dividendes sans travailler ? C'est une atteinte à nos privilèges ; il nous reste quoi à nous les super riches ?

Faut-il taxer les plus riches ?

A. Oui, pour une meilleure justice sociale.

B. Oui, mais une année sur deux.

C. Si c'est comme ça, on quitte le pays. Prends ton manteau, on s'en va.

Les GAFA doivent-ils payer leurs impôts en France ?

A. Oui, ce sont plusieurs milliards qui échappent au fisc, c'est mal. C'est moche. Bouh.

B. Oui, mais à condition que l'État puisse utiliser les données des utilisateurs pour truquer les prochaines élections.

C. Ah, mais vous cherchez vraiment les emmerdes en fait ? Vous critiquez mais vous n'avez jamais vu un paradis fiscal de près, c'est un très bel endroit, la bière y est pas chère et les moutons sont mignons.

Majorité de A : Vous êtes un dangereux communiste. Sachez que votre identité a été transmise aux autorités compétentes qui feront tout pour vous empêcher de nuire et de propager cette idéologie égalitaire dangereuse.

Majorité de B : Vous y êtes presque, mais votre esprit est encore encombré par des préoccupations d'ordre sociétal. Ce n'est pas comme ça que vous allez avancer dans la vie, il s'agirait de grandir.

Majorité de C : Voilà, vous voyez, ce n'est pas si compliqué de fermer les yeux une bonne fois pour toutes et de ne penser qu'à soi. Vous verrez, au début c'est un peu difficile mais après ça ira, vous réaliserez vite que l'argent est votre seul ami (et l'unique vu que votre famille aura coupé les ponts avec vous).

Éducation

Un des chantiers majeurs au relèvement de la France sera d'abord de refonder entièrement l'éducation de nos plus jeunes. Il faudra leur inculquer de solides bases afin qu'ils soient forts, stoïques et pleins de ressources quand, lors de la quatrième vague de Covid-25, il devront passer le baccalauréat en télétravail.

RÉFORMES

Délocaliser l'Éducation nationale

C'est sans doute la toute première mesure à prendre avant d'aller plus loin et de se pencher plus précisément sur chaque matière. Si l'on regarde le classement PISA de ces dernières années, on comprend vite que l'urgence est d'envoyer les élèves étudier à peu près n'importe où sauf en France. Pour ce faire, il suffit d'instaurer des « partenariats *win-win* avec les pays émergents », dans lesquels on échangera par exemple un enfant contre un bon de réduction sur l'achat de son prochain smartphone. Le tour est joué !

Universités et chômage

Les universités sont des centres de savoir immense mais où les étudiants sèchent les cours pour fumer des joints (des clopes roulées aussi) avec les gens du BDE. On y apprend aussi la pauvreté et la célèbre recette des pâtes au ketchup. C'est pourquoi nous souhaitons la mise en place urgente d'un cursus entièrement dédié au chômage et au RSA : un master inactif qui préparera l'étudiant à sa vie professionnelle future dans un contexte de crise.

Écoles religieuses

Les écoles religieuses seront autorisées à condition de donner un cours de laïcité obligatoire. Ainsi, les étudiants pourront mieux comprendre en quoi les hérétiques sont diaboliques et pourquoi ils brûleront en enfer. Le judaïsme n'adhère pas au concept de l'enfer, mais si vous commencez à nous faire chier sur les détails, vous allez tout foutre en l'air, alors retenez-vous s'il vous plaît.

Revenir aux méthodes d'antan

Il y a soixante ans, les élèves savaient lire et écrire en sortant du CP et ne faisaient aucune faute à l'écrit comme à l'oral. Il est donc urgent de revenir aux fondamentaux. À savoir nommer Gérard Jugnot ministre de l'Éducation, retourner à un monde où tout le monde voit en noir et blanc et parle d'une voix nasillarde.

Encadrer le harcèlement scolaire

Se faire harceler, c'est le lot de beaucoup d'élèves. Seulement, pour ne pas enfanter un pays de victimes sans défense, il est du devoir de l'Éducation nationale d'encadrer le harcèlement. Il faut que les professeurs filment les agressions et apprennent ensuite aux victimes à se prendre en photo avec les hématomes et à en parler face à leur téléphone pour émouvoir les réseaux et pourquoi pas monter une association de victimes. Cela peut vite devenir une activité lucrative et ce pays a besoin d'entrepreneurs.

Le baccalauréat

Examen décisif de fin de lycée, le bac est chaque année décrié pour sa prétendue facilité à l'obtenir. Il est vrai que pour le sujet de philosophie de l'année dernière « Qui a du caca kaki collé au cucul ? », répondre « Pas moi » donnait la moyenne, mais il fallait argumenter avec des citations célèbres.

Lutter contre le harcèlement

Le harcèlement scolaire est un fléau. Nous proposons donc que les victimes prennent leurs responsabilités en suivant des stages d'autodérision pour qu'elles acceptent un peu mieux les insultes et les agressions. Cela évitera aux établissements de faire semblant de prendre ces affaires au sérieux, comme ils le font actuellement (ce qui est assez chronophage pour le personnel !).

Cantines : vers une France forte

Aujourd'hui, les plats végétariens et les plats bio ont la cote, alors qu'ils rendent les élèves faibles. Nous préconisons de revenir à des bases plus en accord avec la mondialisation et l'ultralibéralisme : des poulets d'usine de Roumanie, des fruits et légumes glyphosatés, du cheval dans les lasagnes au bœuf, des nuggets de poussin... Il faut revenir à une France forte !

5 CONSEILS PRATIQUES POUR ÊTRE SÛR DE VOIR SON ENFANT ACCEPTÉ DANS UNE ÉCOLE PRIVÉE

Le débat entre public et privé n'est plus d'actualité aujourd'hui. Il est indispensable de mettre toutes les chances de votre côté et de placer le plus tôt possible votre enfant du côté de ceux qui réussissent.

1. Faire croire que c'est un enfant illégitime de Bernard-Henri Lévy reste la meilleure chance de succès. Habillez votre enfant d'une chemise blanche et une veste Louis Vuitton, préparez un argumentaire dans lequel vous expliquez à quel point c'est « une chance pour cet établissement d'être choisi par votre enfant pour assurer sa scolarité ».

2. Prononcer la phrase « ces feignasses du public » pendant votre entretien d'admission pourra vous aider à faire baisser les frais de scolarité de votre progéniture d'au moins 20 %. De plus, si vous payez en cash, n'hésitez pas à négocier « au black » les tarifs de la cantine ou des activités périscolaires.

3. Kidnapper les enfants du principal de l'école que vous visez et exigez une rançon correspondant aux frais de scolarité de votre enfant. Assurez le coup et profitez-en pour gonfler un peu les prix et offrir une paire de baskets neuves et un gilet pare-balles Hello Kitty à votre enfant.

4. Devenir ministre de l'Éducation nationale vous rendra intouchable et vous permettra d'obtenir un passe-droit pour trouver les yeux fermés une place dans un des établissements privés les plus cotés de la capitale. De plus, il vous sera possible de modifier et d'adapter les programmes scolaires en fonction des goûts et des facilités de vos enfants.

5. Créer votre propre école privée vous permettra d'arriver très facilement à vos fins. Mais c'est aussi la possibilité de prendre une revanche sur la vie en découvrant la mine déconfite des parents à qui vous annoncerez que faute de moyens, ils devront inscrire leurs enfants en ZEP.

50 élèves par classe pour apprendre la démocratie

L'apprentissage des valeurs démocratiques est primordial dans la France de demain, et c'est pourquoi les classes devraient accueillir cinquante élèves de tous niveaux mélangés. Apprendre à écouter l'autre, respecter son prochain et créer une vraie « assemblée des élèves » participerait à un « socle de connaissances démocratiques pour la France de l'avenir ». Cela permettrait également de réaliser des économies en licenciant 40 % du corps enseignant. Alors qu'est-ce qu'on attend ?

PROFESSEURS

Réinstaurer un vrai dialogue entre les profs et les parents d'élèves

Il y a parfois trop de non-dits entre les professeurs et les parents d'élèves. Partant du principe que, pour un parent d'élève, le prof est un fainéant incompétent et que, pour un prof, un parent d'élève est un idiot prétentieux, leur rencontre doit être brève, mais pleine d'honnêteté. Ainsi, il faut remplacer les réunions parents-profs par des combats de MMA. Dans une cage, l'explication sera plus rude mais plus instructive.

Pimper les profs

Pour qu'un jeune respecte un adulte, il faut qu'il l'admire. L'Éducation nationale ne recrutera donc plus aucun prof ne possédant pas au moins dix mille *followers* sur les réseaux.

LA SALLE DES PROFS, QU'EST-CE QUE C'EST ?

Endroit mystérieux sujet à toutes sortes de rumeurs, la salle des profs est principalement constituée d'une table encombrée par des contrôles corrigés à la va-vite, quelques chaises peu confortables et une machine à café bas de gamme (de marque « Pisse d'âne »). Des combats ont parfois lieu à cet endroit stratégique, et des calculatrices sont abîmées chaque année pour une histoire de photocopies.

Redonner la niaque aux profs

Relancer l'éducation passe par la motivation du corps enseignant. C'est pourquoi nous préconisons de baisser le salaire des professeurs pour leur redonner « la niaque » de faire des heures supplémentaires. Ainsi, un SMIC serait largement suffisant, comparé à leur salaire actuel assez mirobolant (on évoque parfois 2 000 euros !). Une honte quand on sait le peu de travail que nécessite ce métier.

Remplacer la veste à coudières

Depuis toujours, les professeurs expérimentés ont porté des vestes à coudières qui suscitaient le respect ou la jalousie de leurs congénères. Mais aujourd'hui, il est nécessaire que le corps enseignant s'adapte à l'agressivité des élèves, en portant notamment une combinaison rembourrée de maître-chien, afin de résister aux projectiles (stylos, gommes, lames de rasoir, etc.) et aux morsures d'élèves mécontents.

QUEL CONCOURS POUR DEVENIR PROF ?

Pour devenir professeur, il est nécessaire de passer un concours de la fonction publique catégorie A. Cependant, ce concours n'a absolument rien à voir avec ce que va réellement faire le prof durant sa carrière, qui consiste à souffler, réprimander des élèves ou hurler pendant 80 % du temps. Les 20 % du temps restant sont consacrés à la prise d'antidépresseurs.

Corser le début de carrière

Actuellement, les profs qui viennent d'avoir le concours sont jetés sans préparation dans les pires classes des quartiers difficiles : une méthode qui fonctionne déjà très bien et qui convient à tous. Mais pourquoi ne pas aller plus loin ? Nous proposons de bizuter les jeunes profs en crevant leurs pneus une à deux fois par mois (mission qui sera exercée par un agent d'entretien de l'établissement) et de les appeler chez eux la nuit pour les insulter de façon anonyme (mission qui sera exercée par le corbeau de l'affaire Grégory). Une bonne façon de corser un peu leur début de carrière qui manque souvent de piment.

Rendre les cours attractifs

L'école d'aujourd'hui est encore trop traditionnelle : elle peine à intéresser les élèves. Il faudrait ainsi que chaque prof ait une chaîne YouTube, pour dispenser ses cours en les habillant d'un montage très saccadé et de vannes toutes les vingt secondes. Un prof qui aurait une majorité de pouces rouges serait immédiatement convoqué chez l'inspecteur pour s'en expliquer. Tous les revenus tirés de ces vidéos seraient évidemment reversés à l'Éducation nationale.

Mieux payer les profs

Ils se plaignent sans arrêt de ne pas suffisamment gagner leur vie. Alors il est important de les augmenter en leur offrant des stylos 4 couleurs et des cahiers grands carreaux. Les plus méritants recevront même un abonnement à *Télérama* et une paire de Birkenstock®.

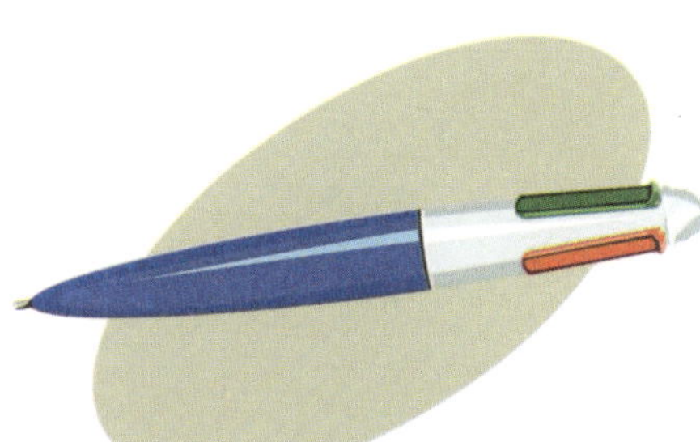

ÉLÈVES

Moins de vacances pour les élèves

Plus de deux mois de vacances, c'est beaucoup trop et la certitude de former de futurs fonctionnaires. De toute façon, pour plus de la moitié, les parents n'ont pas les moyens de faire partir leurs enfants. Alors réduisons les vacances scolaires à deux semaines. Le reste du temps, emmenons les enfants prêter main-forte dans les usines. Ainsi, nous devrions rattraper la Chine au palmarès de la productivité.

QU'EST-CE QU'UN ÉLÈVE DYSLEXIQUE ?

C'est le mot scientifique pour dire « élève en difficulté », qui est une manière subtile de dire : « Madame votre enfant est un con. »

Des fournitures gratuites

Il faut offrir à chaque enfant la possibilité d'avoir des outils éducatifs suffisants pour assurer un bon suivi pédagogique. Ainsi, tous les lycéens recevront à chaque rentrée un kit composé d'un bulletin d'inscription à Pôle emploi et d'une boîte de Xanax.

Accepter les différences de niveau

Il n'y a aucune raison de mettre de côté un élève en difficulté et de le stigmatiser. Il suffit de le placer au milieu d'une piscine à boules et de le laisser passer du bon temps pendant l'heure de cours. Il sera ainsi dans un univers plus adapté à son niveau.

QU'EST-CE QU'UN ENFANT À HAUT POTENTIEL ?

Si vous rencontrez un enfant problématique dont les parents gagnent plus que le SMIC, alors il s'agit probablement d'un enfant à « haut potentiel », c'est-à-dire un enfant trop intelligent pour le système éducatif. Pourtant, une étude démontre que ces enfants seraient juste des « petits cons mal élevés ». Affaire à suivre.

Reprendre confiance en soi

L'école est aussi l'école de la vie. Pour que les élèves aient davantage confiance en eux, nous préconisons d'apprendre par cœur la biographie de Christophe Castaner, pour relativiser l'impact de l'échec scolaire et redonner foi en ses chances à chaque élève.

Ne pas accabler les redoublants ou les élèves en situation de décrochage

Mais simplement leur parler, les comprendre, saisir les problématiques qui ont provoqué ce décrochage malheureux et menacer les parents de leur couper l'accès à la cantine, aux sanitaires de l'école ou aux transports scolaires si l'enfant n'atteint pas la moyenne sous quinze jours.

DISCIPLINE

Les récompenses

Quoi de mieux pour stimuler nos « apprenants » qu'une saine émulation ? Si l'on veut que celle-ci soit efficace, des récompenses appropriées doivent leur être données régulièrement. Pas question ici de vulgaires bons points ou d'images démodées. Pour chaque bonne réponse, une clé USB, puis au bout de dix clés USB, une tablette !

Des surveillants plus qualifiés

Pour calmer notre progéniture, il est nécessaire d'engager pas moins de dix mille pions capables de mater les plus rebelles d'entre eux, à savoir les gauchistes portant des mitaines et fumant des roulées.

Restaurer la discipline

Certes, il semble compliqué de faire accepter un retour au coup de règle sur les doigts et au bonnet d'âne. Cependant, les élèves d'aujourd'hui sont tellement avides de notoriété que si en échange d'un comportement irréprochable en cours, on offre des *followers* sur TikTok, le calme reviendra très vite dans les salles de classe.

Le rétablissement de l'autorité

Afin de permettre à l'autorité des professeurs de s'asseoir pleinement, il est conseillé de revenir à des valeurs simples et traditionnelles pour expliquer aux plus jeunes c'est qui qui commande bordel. Ainsi, les châtiments corporels ou les tours de stade sous la pluie doivent faire leur grand retour. En dernier lieu, et si l'élève refuse d'obtempérer, il aura alors obligation de prendre le temps de proposer des pistes pour réformer l'Éducation nationale, on verra s'il fait encore le malin.

PROGRAMME

Transcender la musique

Il est urgent de cesser l'apprentissage de la flûte à bec, qui ne servira jamais à rien, et de le remplacer par celui du cor de chasse, qui a au moins l'utilité de faire fuir les voisins et de se faire apprécier du lobby de la chasse.

Améliorer l'apprentissage du français

Fournir à chaque élève, à son entrée en maternelle, le précieux recueil *Révolution* d'Emmanuel Macron pour former dès le plus jeune âge son esprit critique.

La géographie utile

Il est primordial que chaque élève n'étudie que les grandes puissances mondiales : les États-Unis, la Chine, le Japon, l'Allemagne, le Royaume-Uni et à la limite la France.
Il faut absolument, pour son parfait développement, qu'il ait une bonne image du monde dans lequel il vit. À quoi bon lui faire connaître l'existence du Honduras, du Laos ou de la Belgique ? Soyons sérieux !

Réadapter les heures de colles

On a tous au moins une fois dans notre vie été collé pour un comportement inapproprié en cours (bavardage, flagrant délit de masturbation, coup de couteau à un camarade). Or, pour beaucoup, cela n'a été qu'une heure à passer à ne rien faire dans une salle vide. Rien de bien traumatisant. Il faut un retour des travaux forcés dans des camps de travail.

Changer les programmes

En télé, lorsque les audiences baissent, on déprogramme une émission pour en tester une nouvelle plus en adéquation avec le public. La chute de niveau prouve que les programmes sont caducs et ne passionnent plus les élèves. Aujourd'hui, il faut attraper les collégiens avec ce qui les intéresse vraiment : rien. Huit heures de « cours de glande » devront être instaurées pour motiver les élèves à venir à l'école. Quitte à ne rien faire, autant le faire vraiment. (En classe de quatrième, les élèves devront choisir : Instagram 1re glande ou TikTok 1re glande.)

Sorties scolaires en entreprise

Cinémas, musée, théâtre… À quoi servent les sorties scolaires si ce n'est à gaspiller les deniers de l'État ? Pour que ces activités préparent les élèves au monde de demain, nous proposons que toutes les sorties scolaires soient axées vers le monde de l'entreprise : visiter par petits groupes un cabinet de comptabilité, écouter le témoignage poignant d'un contrôleur de gestion ou regarder ensemble un film institutionnel sur le licenciement, voilà ce qui poussera les jeunes dans la bonne direction.

Rendre la récréation plus ludique

Accorder un temps de récréation quotidien aux élèves, c'est d'ores et déjà leur faire comprendre que le travail est associé à la paresse et à l'amusement.

Il faut que la récréation soit le moment d'apprentissage de la vie d'adulte. Il convient alors de leur enseigner de manière ludique, avec des ateliers animés par des intermittents, des notions telles que le chômage, la dépression et les visites d'huissier.

TEST

Êtes-vous prêt à redonner à l'éducation son prestige d'antan ?

Faites ce test pour découvrir à quel point vous avez les épaules pour soutenir une nouvelle éducation.

Votre enfant vous annonce qu'il a décidé de devenir prof, comment réagissez-vous ?

A. Une gifle aller-retour. Cinq ans d'études supérieures pour se faire malmener par des hordes de jeunes ignares, payé le SMIC, non mais c'est quoi ce manque d'ambition ? Petit con !

B. Vous sautez de joie. C'est donc votre progéniture qui va rééduquer le pays. Vous ne lui aurez pas lu *Télérama* tous les soirs avant de dormir pour rien.

C. Vous avez peur et lui achetez un gilet pare-balles ainsi qu'un casque de moto, pour qu'il affronte sans embûche ses premiers élèves.

Lors des rencontres parents-profs, vous êtes du genre à :

A. Sermonner les enseignants qui critiquent votre génie de fils en les menaçant de lancer une pétition pour supprimer leurs vacances à ces fainéants.

B. Écouter attentivement les reproches que les profs font à l'idiot que vous avez mis au monde, pour lui mettre une raclée en sortant de la salle de classe et lui donner une bonne leçon devant tout le monde.

C. Donner une liasse de billets au prof pour vous assurer du passage en classe supérieure. Après tout, avec leur maigre salaire, une vingtaine d'euros suffit à les corrompre.

Votre enfant est collé pour avoir trop bavardé en cours, que faites-vous ?

A. Vous cherchez à savoir de quelle théorie libérale et capitaliste discutait votre enfant, car c'est forcément ce qui a dérangé son prof, ces individus ne supportent pas la contradiction.

B. Vous écrivez au professeur pour lui demander de multiplier par dix le nombre d'heures de colle prévu. Vous exigez également qu'on mette la température à −10 °C et qu'on ne lui donne ni à manger ni à boire.

C. Vous conseillez à votre enfant de ne pas parler au pion pendant cette heure de colle. On ne sait jamais, il pourrait réveiller une vocation dans son esprit faible. Or aujourd'hui, l'Éducation nationale est un secteur encore plus dangereux que l'armée.

Majorité de A : Vous méprisez l'Éducation nationale et pour vous la France est d'ores et déjà un territoire perdu ravagé par les dommages de TikTok. Cela ne sert à rien d'espérer la sauver par l'éducation. Vous êtes chroniqueur chez CNews.

Une majorité de B : Vous croyez dur comme fer à la rééducation populaire et pour vous les profs sont les sauveurs de la nation. D'ailleurs vous trompez certainement votre conjoint avec un jeune prof de français qui vous a séduit en vous récitant du Voltaire.

Une majorité de C : Vous craignez plus que tout l'Éducation nationale, ce milieu dangereux où on peut se prendre un coup de couteau pour une mauvaise note à une dictée, et même saigner des oreilles à cause de l'utilisation du verbe « croiver ». Pour vous, la France doit se relever, mais en sécurité, donc loin des établissements scolaires.

Écologie

Élue « grande cause du mandat présidentiel » depuis 1958, il est important de donner à l'écologie la place qu'elle mérite. En effet, quelques gestes élémentaires peuvent avoir ainsi de grandes conséquences et peut-être éviter que la France ne soit totalement un no man's land en 2088. Gardons un peu d'espoir (et puis il y a d'ici là plein d'autres mandats présidentiels durant lesquels l'écologie sera sans nul doute « grande cause du mandat présidentiel »).

Relâcher le Covid-19 en liberté

Ce n'est un secret pour personne, le Covid-19 et le confinement qui s'en est suivi ont permis de baisser drastiquement le taux de CO2 dans l'air français. Un retour du coronavirus dans l'Hexagone et un confinement d'environ dix ans serait l'idéal pour sauver ce pays dont l'horizon est obscurci par des nuages noirs et pollués.

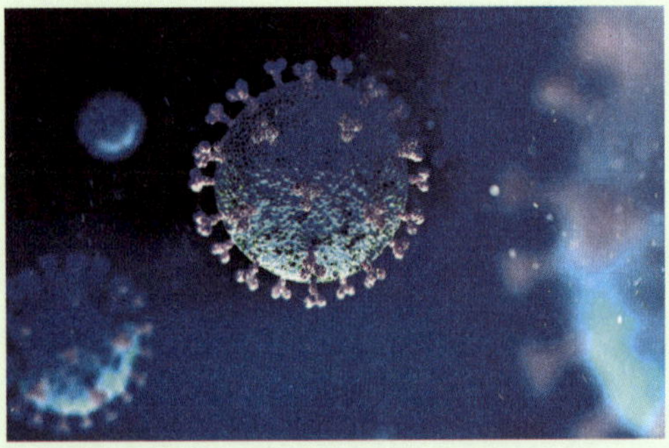

Bien isoler son chez-soi

N'oubliez pas que c'est grâce à des petits gestes au quotidien que l'on gagne la bataille de l'écologie. Ainsi, pensez à isoler votre logement. Pour cela, il suffit de vous rendre en librairie et d'acquérir la totalité des livres écrits par les candidats à la présidentielle. Puis étalez-les dans vos combles et greniers. Cela devrait ainsi créer une couche isolante d'un bon mètre. Vous voilà paré pour les hivers les plus rudes !

Distribuer la semence d'Hugo Clément

Qui de mieux que le journaliste de France 2 pour sauver la France de la catastrophe écologique ? Nous préconisons la vente en pharmacie de fioles contenant la semence d'Hugo Clément, à inséminer dans toutes les femmes ayant entre 20 et 35 ans. Ces enfants trieront les poubelles dès l'âge de 5 ans et refuseront de boire du lait de vache. En une génération, la France sera sauvée.

Mieux que les toilettes sèches : se retenir

Les Français ont pris cette mauvaise habitude d'aller aux toilettes plusieurs fois par jour. La chasse d'eau entraîne un gaspillage énorme d'eau potable, c'est pourquoi nous souhaitons que les Français se retiennent et n'aillent aux w.-c. qu'une fois par semaine (le week-end de préférence). Ils auront néanmoins toujours le droit de regarder leur téléphone pendant la commission.

Cloner Greta Thunberg

Cette jeune Suédoise a réussi à sensibiliser les jeunes du monde entier à la cause environnementale. Pour sauver la France, il faut la cloner et placer chaque modèle dans les familles françaises. Ainsi, les couples n'auront plus à se fatiguer à procréer. Bien évidemment, cela passera par un rééquilibrage des priorités scientifiques. Le clonage deviendra la priorité, devant la recherche contre les maladies rares, le sida ou le socialisme.

Offrir une femme à tout homme quittant la ville pour la campagne

L'exode urbain est en vogue, mais pas encore suffisamment pour avoir un réel impact sur l'environnement. C'est pourquoi nous ne sauverons écologiquement la France qu'en incitant les cols blancs qui circulent en trottinette à s'en aller vivre à la campagne. Pour ça, il faut leur offrir une magnifique femme de l'Est, ainsi qu'une petite chèvre afin de prendre du plaisir à deux et de débuter la culture de la terre. Avec l'une et l'autre, dans un ordre qui ne nous regarde pas.

Regarder des documentaires Netflix

Regarder des documentaires sur le réchauffement climatique avec une barquette de sushis est une des pratiques favorites des Français. Les Français s'engagent ensuite à davantage culpabiliser notamment lorsqu'ils découvrent que Netflix est elle-même une plateforme polluante puisqu'elle fonctionne aux énergies fossiles. Ils partagent donc une longue tirade sur le sujet via un réseau social qui fonctionne aux énergies fossiles aussi.

QUEL RAPPORT LES FRANÇAIS ENTRETIENNENT-ILS AVEC L'ÉCOLOGIE ?

Depuis quelques années, les Français sont en pleine prise de conscience écologique. Cela signifie qu'ils ne sont pas écolos, mais en sont très conscients : ils continuent à jeter leurs déchets, à prendre l'avion et à manger de la viande mais heureusement ils disent « c'est pas très écolo » après.

COMMENT DEVENIR MINISTRE DE L'ÉCOLOGIE ?

Comme François de Rugy, Élisabeth Borne ou Barbara Pompili, devenez ministre de la Transition écologique. Après de hautes études, il vous faudra avoir l'intention de sauver la planète et connaître un président de la République. Vous pourrez ainsi interdire le plastique, mais pas trop. Si vous avez beaucoup d'ambition, vous aurez la chance de pouvoir créer la journée nationale contre les choses jetées par terre.

Se déguiser en abeille une fois par mois

Pour sensibiliser les Français à l'importance des abeilles dans notre écosystème, il faut des actions fortes. Chaque dernier jeudi du mois sera donc « le jour des abeilles ». Les Français devront se déguiser en abeille et mimer le butinage d'une fleur, sous peine d'une amende de 135 euros pour les contrevenants. Concernant l'accoutrement, un simple tee-shirt à bandes jaunes et noires fera l'affaire pour les plus modestes (ils devront quand même demander une autorisation en mairie, et un pot de miel fera bonne impression auprès des agents administratifs). La meilleure abeille de l'année recevra une médaille. Mais la pire abeille recevra un contrôle fiscal.

Interdire les cabanes dans les arbres

Aujourd'hui, certains enfants continuent à construire des cabanes dans les arbres pour jouer aux « aventuriers », ou pour se sentir indépendants (alors qu'ils sont une charge permanente sur les épaules de leurs parents). Pourtant, selon une étude américaine, 96 % des arbres interrogés affirment que ces cabanes ne sont pas agréables à porter et que les cris de joie des enfants les insupportent. Il faut donc interdire ces cabanes et punir sévèrement ces enfants rois qui se croient tout permis (nous préconisons huit ans de prison ferme).

Faire de Nicolas Hulot un X-Men

C'est un fait : les figures de l'écologie en France ne font pas rêver les jeunes générations. Pourtant une solution existe : débloquer 1 milliard d'euros pour convaincre les studios Marvel de produire des comics et un film consacré à Nicolas Hulot. Nicolas Hulot peut faire un X-Men très convenable à condition de lui accorder des pouvoirs surpuissants en lien avec la nature comme des tremblements de terre, des éruptions volcaniques ou des pluies diluviennes. Il faudrait aussi que son immonde coupe au bol se dresse sur sa tête lorsqu'il déclenche la fureur des éléments.

Remplacer *La Marseillaise*

L'écologie doit être présente dans tous les aspects de la vie, et donc dans notre hymne national. C'est pourquoi il faut remplacer d'urgence *La Marseillaise* (une chanson « sympa sans plus » selon les spécialistes) par *L'Hymne de nos campagnes* du groupe Tryo. On pourra chanter cette chanson avec au choix : la main sur le cœur ou la main dans un sarouel rapiécé.

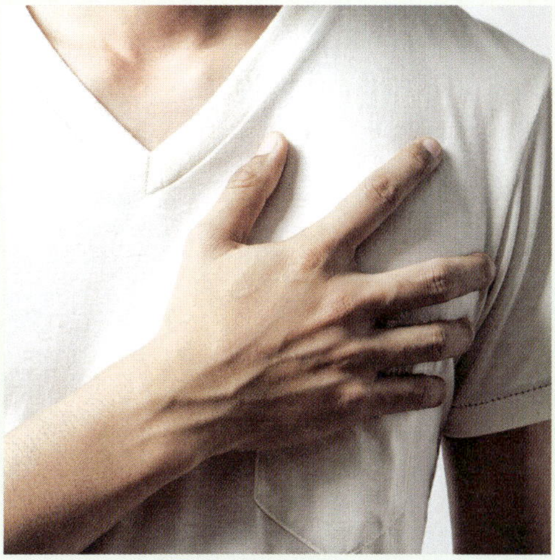

Débrancher les personnes dans le coma

Les personnes dans le coma consomment beaucoup d'électricité. En outre, elles occupent des lits qui pourraient servir à des gens qui souffrent vraiment comme Patrick Balkany par exemple. L'idéal serait donc que les patients déclarent la durée de leur coma au préalable pour que les hôpitaux s'organisent en fonction (au-delà de six mois, c'est non).

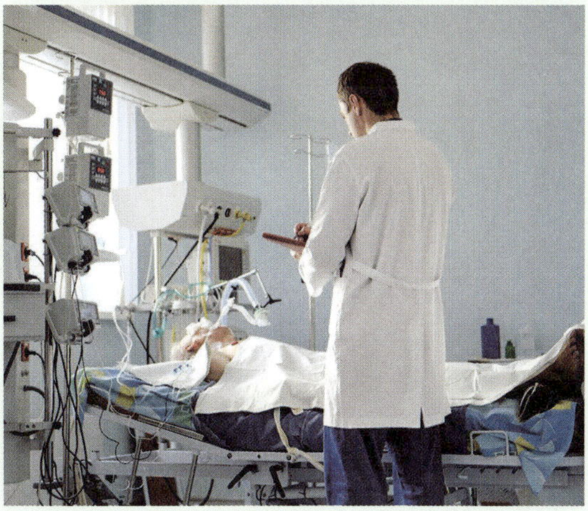

QUE SE PASSERA-T-IL SI ON NE FAIT RIEN CONTRE LE RÉCHAUFFEMENT CLIMATIQUE ?

À Roubaix, les températures pourraient dépasser les 0 °C en été. On pourra même y habiter à l'horizon 2035.

Avec la montée des eaux, des millions de personnes seront contraintes à l'exode et se réfugieront à l'intérieur des terres. Cela mènera à la **guerre civile Paris-Marseille** de 2042 et à des rixes intestines avec les Bordelais qui commanderont des chocolatines aux boulangers parisiens. Pendant ce temps, Greta Thunberg sillonnera les océans sur un trimaran à la recherche d'une terre promise encore émergée (mais devra affronter des méchants dont le leader sera Bruno Le Maire).

Le Cap-Ferret sera aussi englouti par les eaux ce qui empêchera le tournage des *Petits Mouchoirs 3*, au soulagement de tous les cinéphiles.

Du fait de la montée des eaux, **les pistes cyclables parisiennes** seront elles aussi submergées. Elle n'avait pas vu venir ça Hidalgo : aucune mesure préventive pour les rendre étanches ou insubmersibles, bravo les millions dépensés pour rien !

À chaque augmentation d'un degré, cela augmentera les risques de retour de **Nicolas Hulot** au sein d'un gouvernement d'union nationale.

POLLUTION

Délocaliser les déchets nucléaires

Actuellement, les déchets nucléaires sont enfouis... en France ! Un scandale quand on connaît le nombre de pays qui accepterait de les accueillir dans des décharges à ciel ouvert pour une bouchée de pain (le Bangladesh ou la Sierra Leone par exemple, des pays où on ne parle même pas français !). Une solution simple et peu coûteuse, et surtout un beau geste pour les générations futures.

Peindre les centrales nucléaires en vert

Le nucléaire fait la fierté du pays, mais les Français sont de plus en plus méfiants vis-à-vis de cette énergie. Il suffirait pourtant de repeindre les centrales en vert ! Cela leur donnerait une image positive, proche de la nature, et les Français arrêteraient de se poser mille questions sur ce sujet sensible grâce au célèbre « Bah si c'est vert, c'est bon pour la planète ».

N'utiliser que des produits chimiques « made in France »

Il faut avant tout consommer local. Cela doit s'appliquer même lorsque vous achetez du désherbant potentiellement mortel.

Le rétablissement du lavoir

Pour diminuer la consommation, il est urgent de remplacer tous les lavomatiques et les lave-linge individuels par des lavoirs au milieu de chaque ville et de chaque village dont le bon fonctionnement sera assuré par Aurélien Barrau.

Imprimer des millions de tracts pro-écologie

Globalement, les Français restent peu sensibilisés aux pratiques écologiques. Rien de tel que quelques millions de tracts distribués aux passants pour y remédier. Si les tracts ne trouvent pas preneur, ils pourront toujours être jetés directement dans la rue et dispersés au gré des vents pour être lus par quelqu'un un jour.

Arrêter de donner aux vaches de la nourriture mexicaine

Le méthane produit par les rots et flatulences des vaches contribue grandement aux émissions globales de gaz à effet de serre. Il faut donc changer leur régime alimentaire, composé en grande majorité de nourriture mexicaine (burritos, fajitas ou tortillas) accompagnée de coca ou d'eau pétillante. Une décision difficile à prendre – parce que les vaches raffolent de cette nourriture exotique et pimentée –, mais malheureusement nécessaire. Nous préconisons de leur donner à la place de la nourriture fade et sans intérêt, comme de l'herbe.

LES CONSEILS ÉCOLOS DE BERNARD ARNAULT

Bonjour à tous,

En tant qu'acteur de la lutte contre le dérèglement climatique, je souhaitais vous faire part de mes astuces pour soutenir la transition écologique.

Je verse régulièrement de grosses sommes d'argent à des associations contre la fonte des glaces ; je vous invite à faire de même, ils font des choses super.

Je ne me déplace qu'avec mon jet privé électrique équipé de toilettes sèches. Il sera mis en vente au grand public en 2026.

Vous pouvez également récupérer les restes de mes repas tous les soirs directement devant mon domicile.

Cordialement,

Bernard Arnault

RECYCLAGE

QUE FAIRE DE SON MASQUE À USAGE UNIQUE ?

Après avoir soigneusement plié votre masque à usage unique, placez-le dans une poubelle. C'est la seule chose digne que vous pourrez en faire. Les plus hardis pourront le laver et l'offrir à quelqu'un d'autre.

24 bacs de tri

Aujourd'hui, le tri en France est encore trop simpliste. Nous proposons donc que chaque foyer dispose de vingt-quatre bacs de tri pour ses déchets : plastique, cartons, ordures ménagères, restes de repas encore mangeables, plastique dur mais pas trop quand même, cadavres d'animaux de compagnie qu'on a adoptés et aimés, cartons à pizza tachés par l'huile piquante, etc. Les Français s'habitueront vite à ce système intuitif et ludique qui plaira à toute la famille !

Supprimer Mathieu Kassovitz

Le célèbre acteur est connu pour s'énerver sur les plateaux télé où il souffle, postillonne et prend ses adversaires à partie en leur disant : « Écoutez-moi », « Qui vous a donné ces chiffres ? » ou « Parce que vous la connaissez-vous la banlieue peut-être ? » Une suppression de Mathieu Kassovitz permettrait ainsi une réduction drastique de 50 % du CO_2.

P.-S. : Mathieu Kassovitz, c'est la poubelle verte.

TRANSPORT

DÉFINITION

Le train

Moyen de transport écologique équipé d'un wagon-bar, il vous faudra tout de même prévoir d'acheter une voiture en cas de grève.

Rendre l'avion aux riches

L'avion est une des premières sources de pollution de l'air. Alors pour que les pauvres arrêtent de prendre des billets low cost pour aller dans des clubs ringards en Tunisie ou au Portugal, il est temps de rendre l'avion aux riches en multipliant par dix le prix des billets, comme au bon vieux temps !

COMMENT FAIRE DE LA TROTTINETTE DE MANIÈRE ABSOLUMENT ANONYME ?

Chevaucher une trottinette pourrait vous valoir votre réputation ; c'est pourquoi nous vous recommandons de vous déguiser en Sophie Marceau ou Nagui pour détourner l'attention.

Se rendre à pied sur son lieu de vacances

Afin de réduire votre impact carbone et de ne pas prendre le risque de tomber de votre vélo, nous vous recommandons de vous rendre à pied sur votre lieu de vacances. Depuis Paris, Beauvais est accessible en seulement quinze heures de marche. Son église saura séduire les amateurs de vieilles pierres.

TOP 3 DES CHOSES À METTRE DANS LE POT D'ÉCHAPPEMENT DU 4×4 DE SON VOISIN

1. La couche sale de son nourrisson

2. Les restes de moussaka du déjeuner

3. Le programme électoral d'une personnalité politique que vous détestez (exemple : Édouard Philippe)

Réhabiliter la diligence

L'État offrira une aide de 50 euros à tous les foyers qui voudront investir dans une diligence. Un budget spécial sera alloué à la création de pistes praticables par ce moyen de transport révolutionnaire. Élisabeth Borne compte atteindre un taux de déplacement quotidien de 25 % d'ici à 2022 et l'utilise déjà le week-end pour montrer l'exemple.

Payer quelqu'un pour faire du vélo à votre place

Avouez que personne n'y avait pensé à celle-là ! Non seulement, cela donne l'impression que quelqu'un à vélo fait un geste pour l'écologie, mais en plus cela vous enlève une charge mentale et vous procure la sensation de faire quelque chose d'utile pour la planète tandis que vous patientez dans les bouchons sur le périph'.

Inciter les Français à privilégier le vélo

Pour pousser les Français à prendre le vélo plutôt que la voiture, il est urgent d'offrir à chaque Français un bout de carton solide à attacher sur la roue pour provoquer un bruit de Mobylette. Ce bruit donnera un style particulier aux cyclistes, qui sont souvent raillés pour leurs tenues.

ALIMENTATION

Adopter une chèvre

En plus du lait qu'il vous donnera, cet animal vous offrira une chaleur amicale et du réconfort. Vous pourrez lui trouver un prénom attachant comme Gisèle ou Rillette.

Chasser sa nourriture soi-même

Voilà une bonne initiative pour ne pas avoir recours à l'exploitation massive. Afin de soutenir les Français qui ne sauraient pas comment s'y prendre, le gouvernement met à disposition des ressources en ligne dont « La chasse, ma passion », un témoignage saisissant de François Fillon sur son sport favori.

Donner des formes d'animaux aux légumes

Aujourd'hui encore, les légumes ont des formes et des couleurs ridicules qui ne donnent pas envie de les manger ou de devenir végétarien. Pour inciter les Français à privilégier les plats sans viande, il faudrait donner aux légumes des formes d'animaux : un concombre-poulet, un chou-canard, un brocolis-porc ou un bœuf-carotte par exemple (le dernier est un jeu de mots hilarant qui nous a été envoyé par Patrick du 38. Merci à lui).

TEST

Êtes-vous prêt à vous sacrifier pour la planète et Greta Thunberg ?

Vous avez l'écologie chevillée au corps et vous éprouvez de profonds orgasmes en triant vos déchets. Faites donc ce test pour savoir si vous êtes un véritable sauveur de la planète.

Lorsqu'on vous demande de définir votre genre, que répondez-vous ?

A. Un arbre, évidemment !

B. Soit homme, soit femme.

C. Rien. C'est rétrograde de vous demander si vous vous sentez plus arbre, fruit ou légumineuse.

Votre conjoint(e) vous impose un régime alimentaire végan sans quoi il (elle) vous quitte, comment réagissez-vous ?

A. Vous vomissez votre entrecôte avalée deux heures plus tôt comme ultime preuve d'amour.

B. Vous acceptez mais lui demandez un dernier repas chez Buffalo Grill.

C. Vous refusez et lui dévorez la carotide, car vous préférez le (la) savoir mort(e) qu'en couple avec un(e) autre, qui plus est végan.

Vous assistez à une violente altercation entre Donald Trump et Greta Thunberg, que faites-vous ?

A. Vous défendez la jeune fille grâce à votre sabre en céleri, que vous maîtrisez tel un Jedi.

B. Vous vous interposez entre les deux, quitte à y laisser votre vie.

C. Vous prenez le parti du président américain, car il vous a promis une cravate rouge dédicacée.

Majorité de A : Vous êtes prêt à tout donner pour sauver la planète et, mieux, Greta Thunberg. L'écologie vous dit merci.

Une majorité de B : Vous êtes une sacrée girouette. Vous allez sans cesse dans le sens du vent. Personnalité non fiable, vous vous sentez aussi à l'aise au volant d'une voiture polluante que dans une ferme en permaculture.

Une majorité de C : Vous êtes un égoïste. « Après moi, le déluge » est votre devise. Vous méritez de décéder, noyé dans une piscine de sans-plomb.

Premium

Ce chapitre est réservé aux personnes gagnant plus de 15 000 euros par mois.

Une lecture discrète est recommandée, des personnes mal intentionnées, mal informées, probablement malodorantes et dépourvues du plus élémentaire sens politique pourraient en faire mauvais usage, ou s'offenser des propos qui suivent (alors qu'ils ne sont que la triste vérité, et comme le dit Bernard Arnault : « Il n'y a que la vérité qui blesse »).

VIE QUOTIDIENNE

DÉFINITION

La radio

Média très populaire. Podcast pour Gilets jaunes. Lorsqu'il est jeune, le pauvre s'ennuie dans son lotissement. Et lorsqu'il est adulte, il conduit énormément pour se rendre à son travail, ou pour en chercher. Dans les deux cas, la radio l'accompagne tout le temps. Elle le distrait grâce à des sketchs de Coluche, des tubes de David Guetta ou encore des blagues de Cauet. Vous noterez que le pauvre l'écoute même en cachette au travail. Pour paraître plus proche d'eux, n'hésitez pas de temps en temps à balancer un : « Dis donc, excellent encore Bernard Mabille hier dans "Les Grosses Têtes !" »

Regroupement des individus n'atteignant pas le plafond de 15 000 euros par mois dans des cités dédiées

Ces bâtiments, de plusieurs étages, seraient installés en périphérie des grandes villes, et desservis (encore heureux !) par des transports en commun. Ils auraient leur propre mode de vie, de musique (qu'on appellerait « urbaine » et on leur donnerait une Victoire de la musique par an pour avoir la paix et s'ils se tiennent à carreau pourquoi pas un César). On leur donnerait aussi un ministère de la Ville.

Mieux habiller nos domestiques

Il en va de notre moral au quotidien. Un domestique bien habillé, c'est un domestique souriant, reconnaissant et plus agréable à regarder, fût-ce de haut. Alors, pour notre bien-être, offrons-leur des vêtements d'une qualité supérieure à ce qu'ils peuvent s'offrir. En général, le simple fait que la marque ne leur dise rien suffira à les impressionner.

Privatisation massive des cimetières et dérégulation totale de l'au-delà

Remise à plat du système bonus-malus vie antérieure / réincarnation calquée sur les points cumulés des trois dernières fiches d'impôt de votre vie terrestre. Si surclassé, possibilité de louer un nuage avec hublot. Les personnes n'ayant pas atteint leur quota au bout de trois cycles de réincarnation devront passer un stage de rattrapage de karma. Si échec à nouveau, obligation de reprendre le cycle de réincarnation à partir du stade cellulaire.

Avoir sa statue en bronze grandeur nature

Toute personne importante et donc riche se doit d'avoir sa représentation en bronze. Après avoir trouvé un artiste qui vous tirera le portrait, vous offrirez gracieusement contre réduction d'impôt cette statue à Matignon afin qu'elle soit installée en bonne place. Il est conseillé de se faire représenter sur un cheval en train de se cabrer pour impressionner ses ennemis.

Logement

En cas de confinement, et si vous habitez dans plus de 100 mètres carrés, vous aurez l'obligation de céder gracieusement votre logement pour héberger les membres d'un foyer fiscal gagnant plus de 70 000 euros « par solidarité ». Les personnes gagnant moins de 15 000 euros par mois auront l'obligation de céder leurs vêtements usagés pour en faire des masques, qu'ils devront coudre parce que d'autres personnes importantes sont bien trop occupées.

SAVEZ-VOUS PARLER LE PAUVRE ?

« SMIC », « supermarché », « APL »... Les gens qui gagnent moins de 15 000 euros par mois ont un langage bien à eux et on y perd facilement son latin ! Voici un petit glossaire pour ne plus jamais vous ridiculiser lorsque vous vous retrouvez en leur société ! (Ça n'arrive jamais mais bon.)

• SMIC

Le SMIC est le salaire minimum versé aux travailleurs précaires comme les vendeurs, les serveurs ou les personnes qui viennent tailler vos arbustes en forme de cygne les week-ends. Ils utilisent cet argent pour s'acheter du Nutella, du pastis, des pantacourts, des CD de Kendji Girac ou ces autres produits qu'on trouve en supermarché.

• Supermarché

Intermarché, Super U, Auchan... Vous avez probablement déjà aperçu lors de vos départs en week-end ces grandes enseignes qui fleurissent en périphérie des villes. C'est ici que les pauvres viennent faire des affaires. Parfois, lorsque les prix chutent, ils en viennent aux mains et se disputent le pot de pâte à tartiner le moins cher comme dans cette vidéo désopilante que vous avait montrée votre ami Jean-François à La Baule.

• Stylé

Se dit communément d'un habit passé de mode depuis dix ans acheté en solde chez Celio ou H&M (pour ceux faisant des heures sup). Le goût est aux pauvres ce que l'empathie est aux gens intelligents : une chimère.

Décoration d'intérieur

La décoration d'intérieur chez le pauvre revient à reproduire, en moins bien, ce que l'esprit malade des animateurs de M6 produit chaque semaine chez des anonymes de leur classe. Elle se caractérise souvent pas des meubles noirs, des stickers sur les murs, de la tapisserie vert fluo et du carrelage dans le salon. N'en parlez jamais devant vos domestiques, ils liraient le dégoût sur

votre visage et mettraient moins de cœur à l'ouvrage pour nettoyer la résidence secondaire ou l'intérieur de la Jaguar.

COMMENT ÉVITER QUE SES GENS DE MAISON NE SE RÉVOLTENT ?

Dans le climat révolutionnaire actuel, il n'est pas aisé de savoir si l'on peut faire confiance à ses gens de maison ou si ces derniers sont au bord de l'insurrection. Alors voici quelques astuces pour éviter que votre résidence secondaire ne se transforme en rond-point envahi de Gilets jaunes qui y font griller des merguez.

• Apprenez leurs prénoms

Ne les appelez plus par des numéros ou des sobriquets comme vous avez l'habitude de le faire. Certains se vexent d'être surnommés « Œil de lynx », « Salle de bains » ou « Petit nuage d'été ». Aujourd'hui, vous pouvez même être taxé de racisme si vous appelez votre femme de ménage des Philippines « Fleur de jasmin ». Que voulez-vous, on vit vraiment une drôle d'époque.

• Gâtez-les !

Vous pouvez par exemple leur donner des restes à l'issue d'un repas. Saumon fumé, blinis au caviar, champagne et truffes… Vos gens de maison n'oublieront pas ces délicates attentions si le Grand Soir devait avoir lieu. Vous pouvez aussi leur gratter le menton plus souvent et leur tricoter un petit manteau pour les sorties.

• Faites-leur faire de l'exercice

Les gens de maison ont aussi besoin d'exercice : plus ils se dépensent, moins ils seront tentés d'aller courir sur les Champs-Élysées et de brûler des voitures les samedis après-midi. Emmenez-les faire une promenade deux à trois fois par jour.

• Testez-les en laissant traîner des objets de valeur

Rien de trop précieux bien sûr. Quelques billets de 100 euros ou une modeste rivière de diamants feront l'affaire. S'ils disparaissent, alors vos gens de maison vous volent et ne sont pas de confiance. S'ils ne disparaissent pas, alors c'est encore pire : vos employés sont idiots et ne comprennent pas la valeur de l'argent, ils ne sont donc pas dignes de confiance non plus.

• Épargnez-leur les tâches trop ingrates

Évitez les travaux au grand air notamment en hiver comme assécher les marais, nettoyer les douves, le cachot ou aller chercher de l'eau au puits. Les gens de maison ne sont pas censés s'abaisser à ce genre de tâches, demandez plutôt à des intermittents du spectacle.

POLITIQUE

La proposition d'Emmanuel Macron : supprimer toutes les élections et décider de nommer les gens qu'on aime bien pour simplifier et moderniser la vie politique.

Le processus électoral prend du temps et mobilise les Français – du moins ceux qui peuvent voter – et, encore mal informé des superbes décisions gouvernementales, le Français moyen vote mal. Ou de travers. Il peut être plus simple de supprimer la totalité des élections et de remplacer ce système complexe, coûteux, long, lent, obsolète et peu efficace par une simple délégation de la nomination des personnes au seul président.

Obligation d'applaudir les banquiers et le gouvernement tous les soirs à 20 heures

Sous peine de perte des droits civiques, de déchéance de la citoyenneté et d'autres mesures vachement impressionnantes mais qui n'ont pas encore vraiment totalement été approuvées (écrivez à l'éditeur si vous avez des suggestions absolument horribles).

Donner le droit de vote dès 16 ans

Il n'y a rien de plus faible d'esprit qu'un adolescent de famille non aisée. Ils sont en constante opposition avec leurs parents. Et surtout, dans une société de marché et de désir de consommation, tous rêvent d'une vie comparable aux stars richissimes qu'ils suivent sur les réseaux sociaux. Ils aiment ce qui est clinquant et *too much*. Ainsi, comment pourraient-ils voter pour autre chose qu'un programme libéral ? Oui, pour le bien de nos privilèges, laissons les jeunes de 16 ans voter contre leurs intérêts et ceux de leurs familles.

ÉCONOMIE

La proposition choc de Bernard Arnault : abolir l'esclavage

« Je suis conscient de proposer quelque chose d'osé et même de révolutionnaire, mais il me semble que c'est la seule solution si l'on veut emprunter la voie de la solidarité et du progrès. Personnellement, je suis prêt à enlever les chaînes de mes domestiques et de mes employés et je suis sûr que mes amis milliardaires sont prêts à faire de même. Il est temps de rendre leur liberté aux salariés d'Amazon comme aux supporters du Paris Saint-Germain ! ».

Instaurer une prime à l'évasion fiscale

Chaque année, l'évadé fiscal qui réussit à placer le plus d'argent à l'étranger sans se faire contrôler se verra remettre la médaille du mérite pour avoir aidé l'emploi en France (ne demandez pas pourquoi), recevra son poids en lingots d'or et descendra les Champs-Élysées dans un bus conduit par Benalla.

Les personnes trop pauvres n'auront plus accès aux banques

Pour ne pas perdre de temps, les banques ne proposeront leurs services qu'aux personnes considérées comme riches. Les pauvres pourront s'échanger des pièces, des cailloux ou des coquillages.

Relever le plafond du paiement sans contact à 50 000 euros

Parce que c'est galère après et on n'a jamais assez de monnaie. Voilà une mesure simple qui devrait pouvoir relancer l'économie locale.

Mise en place des 89 heures par semaine, payées 12

L'allongement naturel de la durée du travail permettra aux masses de se concentrer sur l'essentiel. La fin des loisirs leur évitera de déambuler et de dépenser inutilement leur argent. Avec peu d'argent, ils sauront désormais faire des choix et ne pas tout dépenser. Un tel rythme évitera aussi la possibilité de rassemblements syndicaux, où de toute façon les gens parlent fort, boivent de l'alcool et disent tout le temps du mal du gouvernement ; alors franchement, cela ne sera pas une grande perte.

Créer une fondation et donner aux bonnes œuvres

Meilleur moyen de redorer son image en cas de « coup dur », rien ne vous empêche de donner votre argent pour la fondation créée en l'honneur de votre animal de compagnie parti trop tôt. Vous pouvez aussi faire un don annuel à l'association Les Amis du CAC 40 qui organise des voyages découvertes ayant pour thème « La Suisse, ses banques et ses restaurants étoilés » et des conférences thématiques telles que « Comment devenir le meilleur ami d'Emmanuel Macron ? ».

DÉFINITION 

ISF

Impôt qui vise à taxer les grosses fortunes. Il ne projette pas de traverser la frontière française tant qu'Emmanuel Macron sera président.

EXIL FISCAL / NOTRE TOP 3 DES DESTINATIONS POUR PLANQUER SON ARGENT

Le débat entre public et privé n'est plus d'actualité aujourd'hui. Il est indispensable de mettre toutes les chances de votre côté et de placer le plus tôt possible votre enfant dans le camp de ceux qui réussissent.

1. La Suisse

Destination préférée de Jérôme Cahuzac, elle a la réputation de faire de très bons fromages et de garantir la belle fructification de l'argent.

2. Le Panama

Toute personne riche qui se respecte se doit d'avoir un compte au Panama et de mépriser les pauvres depuis sa villa ou son yacht.

3. La Russie

À l'image de Gérard Depardieu, organisez un départ médiatique et changez de nationalité. Ce nouveau départ vous permettra de faire le « point » et de devenir copain avec Vladimir Poutine.

Donner les pleins pouvoirs au président du MEDEF

Qui mieux que le patron des patrons pour assurer la survie de notre classe ? Pour relever la France, il serait temps d'arrêter d'élire un représentant qui, de toute façon, fera ce que lui intime le MEDEF. Stop aux intermédiaires et gagnons du temps ! Délocalisons vraiment le MEDEF à l'Élysée !

DÉFINITION

Centimes

Une vieille légende dit qu'il existerait une unité de valeur en dessous de l'euro et qu'elle prendrait l'apparence d'une mystérieuse pièce jaune et ronde. Mais cela n'a jamais été prouvé.

ÉDUCATION

Suppression du mot « syndicat » dans tous les programmes et dictionnaire

Mise en place d'une version éclairée du néolibéralisme à travers les époques. La preuve que si les dinosaures avaient appliqué le néolibéralisme dès l'impact du météore, ils auraient vraisemblablement survécu. Au lieu de ça, ils sont tous morts et sont devenus du compost, les losers.

Cesser les cartables surchargés

Ce n'est pas nouveau, les cartables de nos chères têtes blondes sont trop lourds. C'est pourquoi nous proposons de soulager le dos de cette jeunesse sacrifiée en les faisant porter par d'autres personnes.
Il faut engager pour cela de jeunes prolétaires en échec scolaire. Ainsi, ils continueront à fréquenter l'école, tout en gagnant leur vie au service de la future élite. Quel plus beau cadeau faire aux pauvres que de les habituer au salariat dès leur plus jeune âge ? Car oui, l'éducation c'est aussi l'école de l'altruisme.

Créer des lanceurs d'alerte de lanceurs d'alerte

Pour éviter des scandales à répétition qui viendraient freiner l'économie ou écorner notre réputation à l'international, nous volant de précieuses parts de marchés, il est important de former un corps d'élite de la nation de lanceurs d'alerte de lanceurs d'alerte. Dès le plus jeune âge, les pupilles de la nation seraient ainsi formés à repérer un petit morveux qui porterait en lui les capacités de devenir un lanceur d'alerte dans le futur.

POUR UNE FRANCE PATRIOTE

1. Affichage de dix-sept drapeaux français dans chaque classe.

2. Pour renforcer l'idéal patriotique, les écoliers devront **chanter pendant au moins sept heures par jour *La Marseillaise*.** Ceux qui se trompent auront un blâme. Au bout de trois erreurs, renvoi en classe inférieure.

3. Éric Zemmour sera nommé au secrétariat d'État des prénoms et tous les enfants dont le patronyme sera jugé non conforme par la commission consultative obligatoire au calendrier républicain se verront aimablement proposer une formation parallèle (cette formation sera hautement diplômante et décollera par le vol AF 7411 de Roissy-Charles-de-Gaulle à 10 heures chaque matin).

4. Enseignement obligatoire des valeurs fondatrices et civilisatrices de la colonisation (possibilité d'en faire une matière à part entière au baccalauréat avec coefficient maximal). Faut quand même à la fin savoir qui commande ici.

S'appliquer à faire respecter l'égalité des chances

Nous avons le courage de le dire – au risque de passer pour d'effroyables gauchistes –, en France, l'égalité des chances n'est malheureusement toujours pas une réalité. On ne compte pas les écarts scolaires entre les enfants de parents patrons du CAC 40 et ceux de simples P.-D.G. de grosses entreprises nationales. À la récré, les moins riches sont mis de côté, en vacances ils font yacht à part, etc. Cela doit cesser. Ainsi, nous pensons que l'uniforme unique Hugo Boss gommera les inégalités.

Multiplier par trente le prix d'entrée des écoles privées

Encore trop d'enfants nés dans la classe moyenne parviennent à intégrer des écoles qui devraient être réservées à des écoliers fortunés. Ce genre de mélanges est un risque de voir notre richesse se diluer. Il existe encore trop de nos enfants qui se laissent avoir par le charme, pourtant vulgaire, d'un enfant de salarié ou de fonctionnaire. Est-ce cela que vous voulez comme avenir pour votre patrimoine et votre héritage ? La mixité sociale c'est bien, mais entre pauvres et très pauvres.

ÉCOLOGIE

Remise en place des centrales à charbon, de l'exploitation du gaz de schiste et de tous les trucs qui sentent un peu mauvais et qui font râler les écolos

Des éoliennes seront implantées chez tous les adhérents EELV pour voir si ça leur plaît encore quand c'est installé dans leur jardin. On va moins faire les malins, là !

Recyclage de la biodégradabilité corporelle humaine en alimentation sécable destinée à subvenir aux plus nécessiteux.

Il faudra bien sûr labelliser ce produit sous un nom joyeux, souriant, lumineux et y ajouter une couleur agréable. Le tout vendu dans un paquet attrayant. Succès garanti. Libérera en outre de la place dans les cimetières et les crématoriums.

Mise en place d'un système Falcon'Lib

Des Falcon Dassault en libre-service seront garés dans les rues de Paris pour pouvoir rejoindre le plus vite possible les réunions ministérielles et se rendre les week-ends à Deauville. Le TGV augmentera ses tarifs de 850 % pour éviter que les familles nombreuses ou des pauvres ne viennent perturber ce moment tendre quand vous regardez par la fenêtre du Paris-Megève et que vous rêvez à ce petit corps de ferme qui disparaît déjà au détour d'un virage.

TEST

Êtes-vous prêt à enfin paupériser le reste de la France qui végète encore dans la classe moyenne ?

Faites ce test pour savoir si vous avez le cœur assez dur pour leur faire subir ce qu'ils méritent : vivre sous le seuil de pauvreté.

Votre domestique demande à percevoir un salaire brut de 5 euros par mois. Comment réagissez-vous ?

A. Vous acceptez sans rechigner. Une fois qu'il aura payé les impôts, le loyer et les charges, il verra ce qu'est la vraie vie et reviendra sur ses envies puériles de « liberté ».

B. Vous refusez catégoriquement. Ça commence comme ça, et dans quelques mois il viendra demander des augmentations en brûlant des cagettes sur un rond-point.

C. Vous l'exécutez sur-le-champ. Un domestique a interdiction d'adresser la parole à son maître.

Il se murmure qu'un ministre pense à durcir les contrôles contre l'exil fiscal, que faites-vous ?

A. Vous éclatez de rire. Encore une annonce pour calmer la colère des jaloux qui ne gagnent pas suffisamment pour cacher leur argent.

B. Vous vous précipitez aux îles Caïmans pour cacher vos derniers lingots d'or qui roupillent sous votre matelas.

C. Vous prenez peur et appelez tout votre réseau pour faire ressortir une sextape de ce ministre un peu trop honnête à votre goût. Vous n'avez pas trimé des années pour être embêté par un simple fonctionnaire d'État.

Vous vous présentez à la présidence du MEDEF. Quelle sera votre première mesure ?

A. Autoriser la chasse au pauvre. C'est un scandale que ce loisir ne soit plus réservé qu'à la police. Rien de mieux pour se détendre après une bonne journée que de tirer à vue sur des smicards.

B. Rabaisser le revenu minimum à 8 euros. Puisqu'ils aiment tant se plaindre de ne pas gagner assez leur vie, au moins, là, leurs pleurnicheries seront enfin un peu légitimes.

C. Augmenter tous les grands patrons en prélevant 1 000 euros sur le salaire de chaque employé. Nous au moins on sait le placer, eux le dépensent bêtement dans des télés trop grandes et des smartphones bas de gamme.

Majorité de A : Attention à vous, votre profil s'apparente à celui d'un riche honteux. La vie est trop courte pour être gâchée par des pleurs de pauvres. Ressaisissez-vous !

Une majorité de B : Vous ressentez une telle répulsion pour les plus démunis de ce pays que vous avez tout du profil idéal pour sauver la France. Supprimer les maigres avantages de la classe moyenne pour la faire plonger ne vous posera aucun problème moral. Merci d'exister !

Une majorité de C : C'est avec vous que la France va se relever. Vous ne voyez absolument aucune différence entre un pauvre et un étron canin, et vous avez bien raison !

Crédits photographiques

4 :© Skynesher/Istok ; 6 haut : sebra/Shutterstock ; 6 milieu : shocky/Shutterstock ; 6 bas : didesign021/Shutterstock ; 7 haut : lassedesignen/Shutterstock ; 7 milieu : NATNN/Shutterstock ; 7 bas : VectorsMarket/Shutterstock ; 10 : claudia veja images/Shutterstock ; 11 haut gauche : Photographicss/Shutterstock ; 11 haut droite : Jaromir Chalabala/Shutterstock ; 11 bas : Kamelevska Tetiana/Shutterstock ; 12 : Valerii_Dex/Shutterstock ; 13 : goodluz/Shutterstock ; 14 haut droite : GaudiLab/Shutterstock ; 14 haut gauche : SimoneN/Shutterstock ; 14 bas : Julien_N/Shutterstock ; 15 : GingerKitten/Shutterstock ; 16 haut : N U S A R A/Shutterstock ; 16 bas gauche : Frederic Legrand - COMEO/Shutterstock ; 16 bas droite : Ivan Smuk/Shutterstock ; 17 : AMJ Fotografia/Shutterstock ; 18 : Pixel-Shot/Shutterstock ; 19 haut : hlphoto/Shutterstock ; 19 bas : Rajg7897/Shutterstock ; 20 : insta_photos/Shutterstock ; 26 haut : Frederic Legrand - COMEO/Shutterstock ; 26 bas gauche : Dominique BERRETTY/Gamma-Rapho via Getty Images ; 26 bas droite : Francis Apesteguy/Getty Images ; 27 haut gauche : Frederic Legrand - COMEO/Shutterstock ; 27 haut droite : 360b/Shutterstock ; 27 bas gauche : Frederic Legrand - COMEO/Shutterstock ; 27 bas droite : Ververidis Vasilis/Shutterstock ; 28 gauche : Jean-Pierre BOUCHARD/Gamma-Rapho via Getty Images ; 28 droite : Nami Uchida/Shutterstock ; 29 droite : Aleksey Boyko/Shutterstock ; 29 gauche : Sahil Ghosh/Shutterstock ; 30 milieu : Veniamin Kraskov/Shutterstock ; 30 bas : Alexandros Michailidis/Shutterstock ; 31 : Jo Bouroch/Shutterstock ; 32 droite : Guillaume Louyot Onickz Artworks/Shutterstock ; 32 gauche : ricochet64/Shutterstock ; 33 haut : BBA Photography/Shutterstock ; 33 bas : Monkey Business Images/Shutterstock ; 34 : corgarashu/Shutterstock ; 35 haut : Gts/Shutterstock ; 35 milieu : Alexander Khitrov/Shutterstock ; 35 bas : Alex_Po/Shutterstock ; 36 haut : Maha Heang 245789/Shutterstock ; 36 bas : Borka Kiss/Shutterstock ; 36 milieu : donfiore/Shutterstock ; 40 gauche : LP2 Studio/Shutterstock ; 40 droite : lapetitelumiere/Shutterstock ; 41 haut : 3Dsculptor/Shutterstock ; 41 bas : Art Konovalov/Shutterstock ; 42 : G.MARTYSHEVA/Shutterstock ; 43 haut : Viachaslau Govorkov/Shutterstock ; 43 bas : Lithium366/Shutterstock ; 44 gauche : Mongkolchon Akesin/Shutterstock ; 44 droite : Kaspars Grinvalds/Shutterstock ; 45 gauche : 2p2play/Shutterstock ; 45 droite : Andrey_Popov/Shutterstock ; 46 : Jacob Lund/Shutterstock ; 47 gauche : Delpixel/Shutterstock ; 47 droite : Alexandros Michailidis/Shutterstock ; 48 gauche : GERARD BOTTINO/Shutterstock ; 48 droite : Bertrand Rindoff Petroff/French Select/Getty Images ; 50 : Akhenaton Images/Shutterstock ; 54 : LiliGraphie/Shutterstock ; 55 gauche : Lopolo/Shutterstock ; 55 droite : Rosamar/Shutterstock ; 57 gauche : Leeloona/Shutterstock ; 57 droite : vchal/Shutterstock ; 58 droite : Kamenetskiy Konstantin/Shutterstock ; 59 haut gauche :Andrey_Popov/Shutterstock ; 59 haut droite : Rido/Shutterstock ; 59 bas : R. Formidable/Shutterstock ; 60 gauche : Svetlana Lazarenka/Shutterstock ; 60 droite : GERARD BOTTINO/Shutterstock ; 61 gauche : New Africa/Shutterstock ; 61 droite : cunaplus/Shutterstock ; 62 : kryzhov/Shutterstock ; 63 haut : Afrumgartz/Shutterstock ; 63 bas : LStockStudio/Shutterstock ; 64 gauche : Phovoir/Shutterstock ; 64 droite : Pixel-Shot/Shutterstock ; 68 haut : Andrii Vodolazhskyi/Shutterstock ; 68 bas : Ivan Popovych/Shutterstock ; 69 : Per Grunditz/Shutterstock ; 70 : Raimonds.Kalva/Shutterstock ; 71 haut droite : Kunlanan Yarist/Shutterstock ; 71 haut gauche : Frederic Legrand - COMEO/Shutterstock ; 71 bas : Kiryl Lis/Shutterstock 72 : Arthur Villator/Shutterstock ; 73 droite : TTstudio/Shutterstock ; 73 gauche : Davizro Photography/Shutterstock ; 74 haut : wk1003mike/Shutterstock ; 74 milieu : thongyhod/Shutterstock ; 74 bas : Rob kemp/Shutterstock ; 75 haut : Me_Studio/Shutterstock ; 75 bas gauche : photka/Shutterstock ; 75 bas droite : Denis Makarenko/Shutterstock ; 76 gauche : Dimitrije Ostojic/Shutterstock ; 76 droite : MAD.vertise/Shutterstock ; 77 gauche : Ody_Stocker/Shutterstock ; 77 droite : Nelson Antoine/Shutterstock ; 78 droite : serg78/Shutterstock ; 78 gauche : Kaspars Grinvalds/Shutterstock ; 82 gauche : The_Molostock/Shutterstock ; 82 droite : bensliman hassan/Shutterstock ; 83 haut : Sorbis/Shutterstock ; 83 bas : rorem/Shutterstock ; 84 haut : M. Unal Ozmen/Shutterstock ; 84 bas : Kzenon/Shutterstock ; 85 : Creativa Images/Shutterstock ; 86 : Veja/Shutterstock ; 87 gauche : Photographee.eu/Shutterstock ; 87 droite : SmartPhotoLab/Shutterstock ; 88 gauche : Usoltsev Kirill/Shutterstock ; 88 droite : Zigres/Shutterstock ; 89 : Paul Vinten/Shutterstock ; 90 : Pressmaster/Shutterstock ; 91 : Pecold/Shutterstock ; 92 gauche : Claudia Otte/Shutterstock ; 92 droite : Antonio Gravante/Shutterstock

Remerciements

Jean-François Buissière tient à remercier les stagiaires sous-payés et la main-d'œuvre non déclarée à l'URSSAF ainsi que les envoyés spéciaux qui ont permis l'achèvement de cet ouvrage de haute qualité dont Sébastien Liebus, Fabien Liebus, Samuel Piquet, Pierre-Antoine Damecourt (il a rien fait, mais il est sympa alors on met son nom), Guillaume Pouget-Abadie, Clément Charton (porté disparu aux Vieilles Charrues), Lisa Mage, Gani Ujkaj, Mathieu Boumal, le chat Thanos, Pablo Mira et Vincent Bolloré. Mais aussi Valérie Dumeige, Karine Do Vale, Romain Dumas (même s'il est Stéphanois), et les éditions Arthaud-Flammarion dans leur globalité.

Dépôt légal : novembre 2020
N° d'édition : L.01EBNN000676.N001
Achevé d'imprimer en octobre 2020 par Edelvives